军队抢险救灾应急物资调运问题研究

林 勇 著

中国财富出版社

图书在版编目（CIP）数据

军队抢险救灾应急物资调运问题研究 / 林勇著. —北京：中国财富出版社，2019.12

ISBN 978－7－5047－6496－6

Ⅰ.①军…　Ⅱ.①林…　Ⅲ.①军队—救灾—物资调度—应急系统—研究—中国　Ⅳ.①E233　②F253

中国版本图书馆 CIP 数据核字（2019）第 296349 号

策划编辑 郑欣怡　　**责任编辑** 邢有涛　张宁静

责任印制 梁　凡　　**责任校对** 张营营　　**责任发行** 敬　东

出版发行 中国财富出版社

社　　址 北京市丰台区南四环西路 188 号 5 区 20 楼　　**邮政编码** 100070

电　　话 010－52227588 转 2098（发行部）　　010－52227588 转 321（总编室）

010－52227588 转 100（读者服务部）　　010－52227588 转 305（质检部）

网　　址 http://www.cfpress.com.cn

经　　销 新华书店

印　　刷 北京九州迅驰传媒文化有限公司

书　　号 ISBN 978－7－5047－6496－6/E·0026

开　　本 710mm×1000mm　1/16　　**版　　次** 2019 年 12 月第 1 版

印　　张 12.25　　**印　　次** 2019 年 12 月第 1 次印刷

字　　数 220 千字　　**定　　价** 62.00 元

前　言

抢险救灾是我军遂行非战争军事行动的重要内容，是我军践行人民军队性质、宗旨的具体体现。军队参加的抢险救灾通常具有灾害等级高、受灾面积广、保障对象多等特点，仅靠携行物资很难满足救灾过程的长时间、大规模、多样性应急物资需求，必须将应急物资源源不断地从后方调运至救灾前线。作为抢险救灾后勤保障过程中的一项关键性、复杂性工作，军队抢险救灾应急物资调运工作贯穿救灾行动的全过程，其不仅关系着应急物资、运输资源和路网资源的有效使用，还影响着救灾工作的及时性、高效性和持续性。因此，对军队抢险救灾应急物资调运问题的研究具有重要的理论和现实意义。

近年来，尽管学者们对军队抢险救灾应急物资调运问题涉及的相关内容（包括军队抢险救灾应急物流、应急物资需求预测模型、应急物资调运模型、应急物资调运决策支持系统）进行了前期探索并取得了阶段性成果，但现有研究仍存在如下不足：一是有关军队抢险救灾应急物流的研究主要集中在宏观性、指导性的建设思路，从现代物流理论和信息化的视角考虑军队抢险救灾应急物流如何组织、如何运作的研究尚少；二是有关模型（需求预测模型、调运模型）是在较为理想条件下建立的，实用性有待提高；三是针对军队抢险救灾这一特定背景，还没有关于应急物资调运决策支持系统的深入研究。

针对上述研究不足，本书在应用现代物流理论提出军队抢险救灾应急物流运作创新策略的基础上，系统地、科学地研究了军队抢险救灾应急物资调运涉及的三个关键问题：应急物资需求量预测（调运多少的问题）、调运方案制订（如何调运的问题）以及调运决策支持（如何更好地辅助调运决策的问题）。本书完成的主要工作如下：

1. 提出了军队抢险救灾应急物流运作的创新策略

按照军民融合物流建设思路以及现代物流理论，从组织结构、职能分工和保障手段三个方面提出了军队抢险救灾应急物流运作的创新策略。

2. 构建了军队抢险救灾应急物资需求量预测的理论和方法

按照定性预测与定量预测相结合的思路，给出了军队抢险救灾应急物资需求量预测的总体解决思路。为了实现军队抢险救灾应急物资需求的定量预测，在现有分步式模型基础上，同时考虑救灾过程中提前期和需求的随机性，运用安全库存理论构建了军队抢险救灾应急物资需求预测模型。

3. 构建了军队抢险救灾多供应点、单需求点应急物资调运模型，并提出了模型求解算法

本书研究兼顾单种和多种应急物资需求，综合考虑运输工具种类多样、数量有限且同时具有最大载重和最大容积约束的现实情况，构建了以应急救援完成时间最短、运输工具平均空载率最低为目标的军队抢险救灾多供应点、单需求点应急物资调运模型，并根据模型的等式约束、不等式约束和非负整数解空间约束特点，提出了融合多种约束处理技术的约束多目标粒子群优化算法。

4. 构建了军队抢险救灾多供应点、多需求点应急物资调运模型，并提出了模型求解算法

本书研究了军队抢险救灾多供应点、多需求点应急物资调运问题的优化目标、决策模型及求解算法。首先，从需求点的角度考虑应急物资的需求紧迫程度、运达时间和需求满足率，提出了应急保障综合评价函数。其次，兼顾不同供需情况以及考虑应急物资和运输工具种类的多样性，构建以应急保障综合评价函数值最小为目标的调运模型。最后，根据模型特点提出了嵌入解构造算法的改进粒子群优化算法。

5. 构建了基于多智能体系统（Multi – Agent System，MAS）的军队抢险救灾应急物资调运决策支持系统架构模型

本书论述了运用 MAS 理论构建系统的可行性，分析了系统的总体需求，应用 MAS 的物理分解法和功能分解法构建了军队抢险救灾应急物资调运决策支持系统总体架构，设计了系统中各 Agent（智能体）的功能及结构，描述了各 Agent 的工作机制，并分析了系统实现的关键技术。

由于本人水平有限，对军队抢险救灾应急管理领域涉及的知识和内容研究还不够深入，加之应急决策理论和实践的快速发展，书中难免存在不当或错误之处，恳请读者、专家、学者给予批评指正。

林　勇

2019 年 9 月 9 日

目　　录

1 绪论

1.1 研究背景及意义

1.1.1 研究背景

我国是世界上自然灾害和公共安全事故发生频率较高、灾害种类较多、受灾影响较大的国家之一。近一个世纪以来，各类重大自然灾害及事故时有发生，给我国经济的持续发展、人民生活的正常秩序、国家的安定团结以及社会稳定带来了严重影响。为有效保障人民群众的生命及财产安全，降低灾害带来的政治、经济及社会影响，我国分别从法规制度和救灾实践两方面强化了军队在抢险救灾行动中的地位和作用。在法规制度方面，先后颁布实施的《中华人民共和国突发事件应对法》和《军队参加抢险救灾条例》等法规明确规定军队是抢险救灾行动的突击力量和先锋主体，执行国家赋予的抢险救灾任务是军队的重要使命；在救灾实践方面，我军自中华人民共和国成立以来几乎参加了所有重大抢险救灾行动，参加次数达 41 万余次，累计动用兵力约 2000 万人次、飞机 10 万余架次，其中代表性的抢险救灾行动有唐山抗震救灾、1998 抗洪抢险、汶川抗震救灾、舟曲山洪泥石流抢险救灾和芦山抗震救灾。由此可见，军队参加抢险救灾已经成为并将长期成为一种常态化的非战争军事行动。

从我军历次参加的救灾行动来看，应急物资不仅是抢险救灾行动的首要需求，而且还是维持救灾力量、保证救灾进程、救济受灾群众、完成救灾行动的坚实基础（程文生、康琳，2008）。受军队抢险救灾时机的突然性、地域分布的广域性和保障对象的多元性等多种复杂因素的影响，军队抢险救灾应急物资需求通常具有以下特点：一是突发性，抢险救灾行动受领任务急、任务转换快，对应急物资的需求随时可能发生。二是急迫性，应急物资的及时满足对救灾行动的顺利实施至关重要，不能在有效的时间内响应救灾行动的需要，很可能给救灾工作造成困难，甚至导致损失加重。三是规模性，抢险救灾过程中既要满足救灾部队的应急物资需要，同时还要救济受灾群众，致使应急物资需求数量较大。如汶川抗震救灾中，仅 5 月 14 日就运送应急物资 130 余吨。四是多样性，国家发展和改革委员会颁布的《应急保障重点物资分类目录（2015 年）》将应急物资按照用途分为 3 大类，每大类下又细分为多个中类和小类。汶川抗震救灾行动中仅基建营房物资就包括帐篷、储水罐、充气床垫等上百种。上述特点决定了参与救灾的部队难以通过携行物资和临时采购物资来满足救灾行动的长时间、大规模、多样性应急物资需求，必须依靠军队抢险救灾后勤部门从后方仓库等地调运应急物资来满足救灾需要。

近年来，随着我军后勤信息化发展，尤其是军事物流信息化建设的不断推进，各种信息化基础设施、信息化应用系统大力发展，科学化的后勤保障理论和方法已经成为我军后勤信息化建设的迫切需要。作为后勤保障过程中的一项关键性、复杂性工作，军队抢险救灾应急物资调运贯穿救灾行动的全过程，其既包含诸多科学理论问题，如需求量预测、调运方案制订等，也涉及大量动态时变信息。实践中广泛使用的被动式、经验式的军队抢险救灾应急物资调运手段和方法既难实现应急物资和运输资源的高效统筹使用，也不符合我军后勤信息化建设的“适时、适地、适量”后勤保障要求。因此，有必要加强军队抢险救灾应急物资调运问题研究，提出一套行之有效的合理预测需求量、科学制订调运方案、有力支持调运决策的理论和方法。

1.1.2 研究意义

应急物资调运是军队抢险救灾后勤保障工作的重要内容，直接关系着应急物资、运输资源和路网资源的高效利用，直接影响着救灾工作的持续性，是一项复杂的系统工程。其不但需要实时感知抢险救灾行动过程中的应急物资需求、运输资源拥有量以及应急保障能力等信息，而且还需要以科学的理论和方法为指导，在有限的时间、空间和资源的约束下及时高效地满足应急物资需求。因此，研究军队抢险救灾应急物资调运问题具有重要的理论意义和军用价值。本书研究意义主要体现在以下四个方面。

1. 有助于提高军队抢险救灾应急物资调运水平

军队抢险救灾行动常常出现应急物资短缺、运输力量有限却频繁使用的情况，以优化理论、运筹学、军事物流理论和信息系统工程理论等为指导，从调运需求计划、调运优化方案、调运决策支持系统等多个视角展开对军队抢险救灾应急物资调运问题的研究，可以为军队抢险救灾应急物资调运提供信息感知、信息处理、方案制订等全套系统化解决方法。相比于现有的主观经验式调运手段，系统化解决方法的信息获取更全面、应急资源使用更统筹、方案生成更科学合理，能有效避免信息感知不及时或不全面以及人为主观偏好导致的应急资源使用效益低下等问题。

2. 有助于奠定军队抢险救灾应急物资调运决策支持系统的理论基础

军队抢险救灾应急物资调运决策支持系统是在紧急且复杂多变的情形下迅速做出科学决策的基础，其研制、运行的关键在于系统科学的理论准备。当前，随着我军军事物流信息化建设的大力推进，各种应用系统（物资编目系统、军事物流信息系统）的研发为军队抢险救灾应急物资调运决策支持系统的顺利实施提供了便利条件，通过本书对需求量预测及调运方案制订环节中的技术、方法和模型进行研究，可以为军队抢险救灾应急物资调运决策支持系统的快速构建和有效运行提供重要的理论基础，可真正意义上实现“决策及时正确、行动全程可控”的军事物流保障要求，进而在未来实现军事物流信息化向军事物流智能化的跃升（龚卫锋，2012）。

3. 有助于深化军队抢险救灾后勤保障理论

加强军队抢险救灾后勤保障理论研究，既是军队参加抢险救灾行动的现实需要，也是提高军队抢险救灾后勤保障能力和水平的客观要求。近年来，随着我军越来越多地参与各种抢险救灾行动，抢险救灾后勤保障理论已引起广泛关注，然而现有研究主要还是从宏观层面进行定性研究，重点探讨了军队抢险救灾后勤保障的特点（陈明德、周根源，2009）、主要任务（王忠智，2009）、原则（崔济温，2009）、机制（李海龙，2009）以及军民融合式后勤（李志坚，2010）等内容，对军队抢险救灾应急物资调运问题进行深入、系统研究的成果并不多见，缺乏可操作性的具体理论和方法。本书着眼于未来我军信息化、智能化的发展趋势，重点对军队抢险救灾应急物资调运工作中涉及的关键问题进行定量化研究，可有效补充和深化现有军队抢险救灾后勤保障理论。

4. 有助于丰富和拓展应急决策理论

自2009年以来，应急决策理论已成为国家应急管理的重大战略需求和三大核心基础科学问题之一（钟永光等，2012）。现实中，军队抢险救灾应急物资调运是一个需要在短时间内收集、处理各种应急资源信息，并根据一定决策目标应用决策理论形成满意方案的决策过程。因此，从研究对象和内容来讲，军队抢险救灾应急物资调运问题本质上是应急决策理论的一个分支。但军队抢险救灾应急物资调运不能等同于一般的应急决策，其研究内容更为具体，且在决策目标、约束条件等方面有其自身的特点。因此，研究军队抢险救灾应急物资调运问题中涉及的决策理论、探索解决问题的实用性方法，可以丰富和拓展应急决策理论。

1.2 国内外相关研究综述

尽管本书研究的是军队抢险救灾应急物资调运问题，但考虑到军队抢险救灾应急物资调运是军队抢险救灾应急物流的重要组成部分，故首先对军队抢险救灾应急物流的研究现状进行阐述，然后论述应急物资调运相关研究现状。由于应急物资调运涉及需求量预测、调运方案制订和调运决策支持等关键问题，根据本书研究思路，1.2.2 节至1.2.4 节的现状综述按照应急物资需求量预测、应急物资调运决策模型、应急物资调运决策支持系统依次展开。

1.2.1 军队抢险救灾应急物流研究现状

孟晓雪在《外军救灾行动后勤保障研究》一文中论述了国内外关于外军抢险救灾后勤保障的研究现状，并指出“外军对抢险救灾后勤保障的研究尚处于起步阶段，认识程度不深、研究成果不多，当前国内外还没有出版关于外军抢险救灾后勤保障的研究专著”。国内外关于外军抢险救灾后勤保障的研究尚且较少，有关外军抢险救灾应急物流的研究更少。事实上，外军通常把抢险救灾等非战争军事行动作为联合作战的一部分。解放军出版社翻译的2006 版美军《联合作战条令》中明确指出“非战争军事行动属于联合作战的范畴，联合作战的原则对于非战争军事行动同样有效”（李大伟，2009）。因此，有关外军抢险救灾应急物流的研究需对外军后勤理论进行归纳和总结。考虑到美军在后勤建设方面的领先地位，本书重点阐述美军后勤理论的研究现状。

美军十分重视后勤理论的研究和创新，结合实践做了大量有益的探索，先后提出了指挥物流理论、模块化与多功能保障结构理论、海上预置储备、配送式物流、聚焦后勤以及感知与响应后勤理论（阎绍川等，2009）。指挥物流理论主要强调作战指挥军官必须树立“指挥物流观”，将物流作为重要的指挥筹码，在战争指导和谋划中充分考虑物流要素，必须从物流的角度看待战略和战术，作战与物流日益融合，并向一体化发展。模块化与多功能保障结构理论的内容主要包括：在平时，以模块化方式组建和训练物流分队（如运输连、维修连、补给连等）及指挥机构（如军、师物流保障部等）；在战时，根据被保障部队的编成和任务要求，按照积木组装的原则，灵活编组所需的物流保障机构，迅速增强物流保障力量。改变按照物资补给、运输、卫勤和维修等单项业务职能组建物流分队的方法，组建多功能型的物流保障大队和保障营，提高物流部队的综合保障能力。海上预置储备就是按作战部队建制，将成套的武器装备和一定时间内作战所需的各类补给品预先储备在船上，使其成为具有机动能力和快速反应能力的装备物资储备。配送式物流是指利用信息技术在战前和作战过程中精确预测作战部队的后勤需求，精确“可视”全部后勤资源，灵活调遣保障资源，采取多种手段直达部队，主动在需要的时间和地点为作战部队配送物资，实施装备维修、医疗救护及其他后勤专业保障。聚焦后勤在美军《2020 年联合构想》中被界定为在准确的地点、时间提供给联合作战各种参战人员和各类装备数量合适的后勤物资供应，将准确作为第一要义，试图实现对全资产的实时跟踪和调遣，为世界任何地方作战的联合部队提供及时、准确、持续、高效的物流保障（张巨富等，2011）。感知与响应后勤理论的核心理念是将各种后勤资源整合为一个动态的高度智能化的保障网络，借助先进的信息技术，实现信息感知共享、后勤资源消费和需求的动态实时掌握，提供作战需要的多种保障方案（王丰等，2010）。

正是源于这些先进军事物流理论的指导，美军现已形成军地一体化的物流保障体制，并可通过“全球作战保障系统”将诸多分散的后勤保障信息系统改造成统一的全球后勤指挥系统，保证物流保障各环节间的无缝衔接（路慧湘等，2010）。

相比于美军在理论研究和实践应用中的领先地位，我军对抢险救灾应急物流的研究尚处起步阶段，多数研究成果在汶川抗震救灾行动后才涌现。从广泛查阅的文献资料看，目前有关我军抢险救灾应急物流的研究成果主要是考虑如何从多个视角尽可能周全地提出应急物流保障体系建设思路，也有部分研究成果重点关注应急物流保障中的某个环节，如应急物资采购、应急物资储备等。

王猛和程晋雷（2008）在总结汶川抗震救灾实践经验教训基础上，提出从建立联合指挥体系、交通运输体系、物资储备体系、应急采购体系和物资配送体系等方面构建军地一体的应急物流保障体系。

贾润峰等人（2008）针对应急物流保障在救灾实践中暴露出的诸多问题，

针对性地提出应从建立军地一体的应急物流指挥中心、建立应急物流信息平台、完善应急储备结构、健全大物流配送体系以及加强应急预案演练五个方面完善现有应急物流保障体系。

陈星和刘文开（2009）针对汶川抗震救灾中我军军事应急物流保障存在的不足，提出应注重军事应急物流指挥体系、预案体制、信息平台和法规体系四方面的建设，以提高应急反应的能力和水平。

为搞好抗震救灾军队应急物流保障，龚卫锋和孙敏（2009）提出了构筑高效灵活、军地一体的应急物流指挥体制、制订科学合理的应急物流保障预案、建立一支保障有力的军队应急物流保障力量、搞好应急物资储备等共计八方面的建设方略。

任德泽等人（2010）提出了对构建抢险救灾军地应急支援保障力量体系的构想，指出应完善具有综合职能的军地应急组织指挥体系、创建军地一体的通用保障资源建设与管理体系、优化和完善应急保障预案体系和健全相应的法规制度体系。

纪海泉等人（2010）在对非战争军事行动物流指挥特点及要求进行论述的基础上，构建了高度统一、军民一体、层次分明的物流指挥体系，并分析了物流指挥活动中的关键环节，包括加强通信联络，实时掌握各种动态信息；正确领会首长意图，做好组织计划方案；敢于承担责任，实施快速果断的指挥决策；司后一体，追求“无缝隙”的指挥协同。

史海英等人（2010）针对应急保障的规模和范围，提出了三种军民融合式应急物流保障模式（地方直接应急保障，军方支援；军方直接应急保障，地方支援；军地联合应急保障），并具体分析了军民融合式应急物流实现的途径，包括完善应急物流法规，形成良好的法律环境；构建联合指挥机构，强化军地综合协调职能；合理储备应急物资，实现军地资源有效整合；制订完善的应急物流保障预案，实现快速精确保障；发展先进的应急物流保障装备，提高保障效能。

李辉和王敏（2011）首先对我军抢险救灾中物流保障存在的问题进行了分析，总结了抢险救灾物流保障缺乏制度化的统一指挥、物流调度信息化程度不高、物资储备体系不完善、物流装备落后以及应急物流训练少等方面的不足，并针对性地提出要建立并完善军队抢险救灾物流保障统一指挥系统、物流调度和储备管理信息系统，加强物流装备的现代化建设。

陈可夫和梁博（2012）分析总结了近年来突发事件的应急保障实践，从组织体系、制度体系、运行体系和信息管理体系四个方面探讨构建了军地一体物资应急保障组织体系，指出军地一体物资应急保障组织体系由指挥层和执行层两层扁平指挥结构组成，执行层主要包括应急采购机构、收集分配中心和保障中心三级核心业务部门。

除上述针对如何构建合理、高效应急物流保障体系的研究外，部分学者还就应急物资采购和应急物资储备进行了专门研究。

应急物资采购方面：党恩成（2009）在总结抗震救灾物资采购保障启示的基础上，论述了军队物资采购保障物流化运作的构想，指出军队物资采购保障要建立适应物流化运作的指挥体系，夯实适应物流化运作的资源基础，构建适应物流化运作的管控机制，打造适应物流化运作的配送平台，并分析了军队物资采购保障物流化运作应重点把握的问题。曹葆华（2012）设计了战区物资应急采购保障的辅助决策支持系统。张立华和彭金忠（2012）按照军地一体、军民融合的思路详细论述了提高应急采购保障能力的策略和方法。马丕状等人（2014）分析了联勤部物资采购站抢险救灾应急物资采购保障的任务与环境，提出了应急采购保障的基本方法，包括军民融合、军地一体联合保障，上下互动、委托支援保障，定点拦截保障，机动伴随保障，跟进预置保障和拓展服务保障等。

应急物资储备方面：针对抢险救灾应急物资需求量大的特点，张安山（2014）提出应从明确储备任务、储备地域、储备品种、储备方式和储备质量五个方面搞好应急物资预置储备。孔志刚（2009）认为应从筹划储备布局、确定储备品种和结构、改进储备方式三个方面搞好应急物资预置储备。

1.2.2　应急物资需求量预测研究现状

应急物资需求量通常根据所掌握的资料、数据等情况，借助某种方法或手段预测得到。现有的应急物资需求预测方法从宏观上可以分为定性预测法和定量预测法。

1. 定性预测法

定性预测法是通过已掌握的资料，运用已有知识和经验，发挥综合分析能力，对事物未来的发展动态做出主观判断。定性预测法适用于历史资料数据较为稀缺条件下的应急物资需求预测，它的优点在于可以在缺乏统计数据和原始资料的情况下，较为合理地确定应急物资的需求量；缺点在于预测结果依赖于预测人员的主观经验，预测的客观性和准确性得不到保证。常用的定性预测法有专家预测法、主观概率法、历史类比法等（孙明玺等，1993）。

2. 定量预测法

定量预测法是运用统计方法和数学模型，根据一些历史数据推测事物未来的发展动态，因有一定的科学理论为指导，现成为研究的热点，适用于历史资料数据较为完备条件下的应急物资需求预测。目前，国内外学者对应急物资需求定量预测进行了阶段性研究，提出了相应的预测模型，但总体而言现有关于应急物资需求定量预测的研究尚处起步阶段，研究成果并不多。根据预测原理的不同，可将现有应急物资需求预测模型分为三类：案例推理模型、灰色系统模型和分步式模型。

（1）案例推理模型。

案例推理模型通过相似案例源的应急物资需求数据比例计算得到目标案例的应急物资需求量，其适用于对应急物资需求总量进行预测，属于静态需求预测。值得一提的是，该模型是在突发事件类型相同、发生环境相似、处理方式相同的前提下提出的。傅志妍和陈坚（2009）运用归一化处理后的欧式算法，寻求最佳相似案源案例，并根据目标案例的实际情况确定关键因素，建立了案例推理—关键因素应急物资需求预测模型，并将模型运用于汶川震后救灾实例中。吴雪莲等人（2012）引入粗糙集理论，在对历史案例中的特征属性进行有效约简的基础上，利用粗糙集属性重要度确定各属性的权重，进而确定最相似案例，然后根据最相似案例的需求数据比例计算目标案例的应急物资需求量。赵小柠和马昌喜（2012）基于案例推理理论，利用最近相邻法和粗糙集理论搜索相似度最高的历史案例，比例估算地震初期的应急物资需求量，并采用马尔科夫模型预测地震后期应急物资需求量。刘德元和朱昌锋（2013）提出将模糊推理方法、神经网络 Hebb（赫布）学习规则和案例推理技术结合，寻找与目标案例相似的最佳相似案例，进而用相似案例的需求信息比例估算目标案例的应急物资需求量。

（2）灰色系统模型。

灰色系统模型通过对以往的小样本需求数据进行优化，得到能够较好拟合数据走势的时间序列函数，进而利用拟合的函数实现应急物资的动态需求预测（即能对任意给定时刻的应急物资需求进行预测）。常用的灰色系统模型为 1 阶、1 变量的微分方程模型，即 GM（1，1）。这类模型的预测精度受参数取值影响较大。罗建锋和周凌云（2012）将灰色新陈代谢理论与马尔科夫链理论相结合，建立了灾害应急物资需求预测模型，先用新陈代谢

GM（1，1）进行趋势预测，而后采用马尔科夫链状态概率转移矩阵对预测值进行二次拟合。王正新等人（2013）针对应急物资需求数据的小样本和振荡型特征，先后提出了基于 Fourier - GM（1，1）模型和含有系统延迟与时变参数的振荡型 GM（1，1）幂模型，用于对应急物资需求量进行预测。

（3）分步式模型。

分步式模型主要以与灾区人口相关的应急物资为研究对象，首先通过非线性模型，如多元数据融合、反向传播（Back Propagation，BP）神经网络、支持向量机等，估算伤亡人数，然后依据安全库存理论构建的库存模型动态预测应急物资的需求量，因具有原理简单、计算简便且能实现动态需求预测等优点，成为当前应急物资需求预测的重要研究内容。谢乌（2007，2010）在提出应急物资需求量与受灾地区存活人数密切相关这一假设基础上，首先根据多元数据融合的原理，提出一种基于熵的加权技术用以融合实时的多源伤亡数据，然后再考虑每个人的最低需求量等参数计算出每类应急物资的需求量。郭金芬和周刚（2011）首先利用 BP 神经网络算法预测灾区伤亡人数，然后结合库存管理理论构建应急物资需求预测模型，估算灾区应急物资需求量。赵一兵等人（2013）首先用支持向量机回归算法对地震人员伤亡数进行预测，然后用安全库存模型对应急物资需求量进行估算。值得一提的是，现有的关于分步式模型的研究也存在不足：众多学者主要偏重对伤亡人数的估算，而将安全库存理论中的提前期（应急物资申请至到货的间隔时间）简单地考虑为常数。

1.2.3 应急物资调运决策模型研究现状

作为应急决策理论的重要组成部分，应急物资调运决策主要考虑如何将应急物资快速而高效地运抵需求点，以此保障救援活动的有效开展和顺利实施。目前，国内外对此进行了大量研究，构建了诸多决策模型。按照供应点与需求点之间不同的应急物资保障形式，可将现有应急物资调运决策模型划分为四类：多供应点、单需求点；多供应点、多需求点；单供应点、多需求点；多级网络。尽管单供应点、单需求点应急物资调运也是常见的应急物资保障形式，但相较于这四种形式，该形式最简单，因此相关研究并不多见。

1. 多供应点、单需求点应急物资调运

阿勒泰、格林三世（2006）及考恩等人（2012）先后对应急决策优化问题进行了较为系统且全面的综述，概括性地指出当前有关多供应点、单需求点应急物资调运问题的研究主要以海上溢油、火灾、地震等事故及自然灾害为背景，更多地从最短应急时间、最小化应急成本等视角构建决策模型。具体地，可将现有研究成果分为单种应急物资调运和多种应急物资调运。

单种应急物资调运方面：起初，学者们重点围绕“应急时间最短、出救点数目最少”的决策目标构建决策模型，解决了多供应点组合优化问题（刘春林等，1999；刘春林等，2000；高淑萍、刘三阳，2003；赵林度等，2008）。近年来，学者们还尝试从成本和可靠性等角度构建决策模型。潘郁等人（2007）考虑了每个供应点应急资源的起始运输量，从应急系统施救成本和因施救不及造成损失的双重角度考虑，构建了以出救活动总成本费用最小为目标的应急调运模型，并设计了粒子群算法求解该模型。韩景倜等人（2009）应用一种实用的多目标决策方法及模糊优化理论对应急救援物资的调运问题进行了研究，以时间性、经济性和可靠性为三个优化目标建立了应急物资调运模型，并通过解集寻优和理想点法分步骤求解模型。林欣和李鸿晶（2010）从时效性、安全性及经济性方面考虑了地震救灾物资的调运问题，构建了运力不足条件下，时间最短、出救点数目最少、安全性最高的地震救灾物资调运数学优化模型，并给出了模型求解算法。

除了上述研究外，各种约束条件（如时间约束、资源约束、运力约束等）也受到学者们的关注。王威等人（2006）依据单个军械需求点紧急调运的特点和决策目标，分别考虑时间最短和时间有限两种情况，构建了运力限制条件下单个需求点军械紧急调运的多层规划优化模型。刘牧等人（2011）为提高油气长输管道应急救援活动中应急物资调运过程的整体可靠性，在供应点单程最大运力的约束条件下，构建了以应急时间最短、出救点数目最少为目标的应急资源组合调运决策模型。

由于灾情信息的动态特性，各种不确定性信息也被引入加以考虑。结合应急物流的诸多不确定性特点，刘春林等人（2002）探讨了模糊资源需求和模糊应急时间约束情况下的优化方案选取问题。陈达强（2010）考虑时变供求约束条件，分别研究了应急限制期与运力限制约束情形下的物资分配与多出救点选择问题。

多种应急物资调运方面：国内外学者主要以应急响应时间和出救点数目为决策依据，同时也构建了不确定性信息条件下的决策模型。斯里尼瓦萨和威廉（1997）针对海上溢油事故处置问题，构建了以总应急时间最短为目标的整数规划模型，并提出了基于聚类框架和切平面法的优化过程。戴更新和达庆利（2000）针对多资源、多出救点问题的特点，建立了应急开始时间最早的多资源应急问题的数学模型，通过引入连续可行方案的概念，并利用单资源问题的现有成果，实现了模型的求解。汪欲和何建敏（2002）考虑出救点可提供多种应急资源的情况，构建了以应急开始时间最早、出救点数目最少的多目标调运模型；吴达生等人（2008）以重大森林火灾为背景，重点考虑供应点与需求点间的运输时间，构建了影响运输时间的道路质量参数模型，并在此基础上建立了以应急时间最短和应急救援点数目最少为目标的应急物资调运模型。张黎明等人（2011）将应急成本和因应急不及时造成的系统损失进行权重聚合，构建了以此为目标函数的应急物资调运模型，并提出了模型求解的自适应突变遗传算法。

2. 多供应点、多需求点应急物资调运

近年来，多供应点、多需求点应急物资调运决策模型同样受到国内众多学者的关注和重视。归纳起来，现有关于多供应点、多需求点应急物资调运模型的研究主要集中在三个方向。

第一个方向是以节点（供应点和需求点）以及节点间的路段构成的应急网络为研究对象，将运输工具视为整数型应急物资，并假定运输工具可以在任意节点启停，从决策目标的公平性（未满足需求量）、时效性以及决策信息的不确定性等视角，研究应急物资、伤员以及运输工具在应急网络中的动态流动过程，构建相关的网络流模型。伊和乌兹达玛（2007）将车辆视为整数型物资流，构建了以最小未满足需求量和最小服务延迟为目标的应急物资及伤员混合整数多商品网络流模型。乌兹达玛和德米尔（2012）以救援物资供应链的最后环节为研究对象，构建了以运输时间最小化及资源利用率最大化为目标的数学模型，提出了针对大规模应急物资调运及伤员后送问题的分层聚类及路径规划算法。纳杰菲等人（2013）结合地震应急响应阶段实际情况，以应急物资调运及伤员后送为研究背景，考虑多种运输方式、多种应急物资、多规划周期、多式联运（中转），提出了以未被服务到的伤员总数最少、未被满足的物资需求量最少以及应用的总运输工具数最少为多目标的随机线性规划模型，并针对模型中存在的不确定量（用区间变量表示），提出了鲁棒性优化方法，将模型转化为鲁棒性优化模型进行求解。

第二个方向是在运输工具拥有量和容积等约束条件下，假定运输工具的单次行程只访问一个需求点，从应急响应时间和感知满意度等视角，对供不应求或供大于求情况下的应急物资调运问题进行研究。庞海云和刘南（2012）

针对应急物资在短时间内（尤其是救援初期）不能完全满足灾害事件产生的应急需求的情况，提出不完全制止灾情的策略，构建了以需求点为局中人、以调运方案为策略集的完全信息非合作博弈模型，最后设计了基于不完全扑灭的应急物资调运算法。魏国强和杨永清（2012）研究了供应不足条件下连续消耗作战资源的战场调运问题，构建了需求点优先度评价指标体系，提出了需求点分类及排序的方法，建立了多目标混合整数规划模型，用以实现同类需求点的整体优化调运，克服了“逐点满足”调运策略带来的不足。伯克恩等人（2012）考虑供大于求且运输工具存在往返运输的情况，构建了以总运输完成时间最短为目标的混合整数规划模型，并针对问题的不同规模分别提出了分支界定算法、集合枚举启发式算法和遗传算法。王旭坪等人（2013）在前景理论的基础上，建立了应急响应时间的感知满意度函数，用以衡量受灾人员对应急响应时间的满意程度，结合量化后的需求满意度和效用满意度，构建了一个多目标非线性整数规划模型，并设计了模型求解的分散搜索算法。

第三个方向是根据运输工具的单次行程可访问多个需求点的现实情况，从运输总时间、系统总成本、未满足需求量、公众心理风险感知程度等方面，构建相关的调运模型。孙华丽等人（2013）考虑路径运行时间超期风险、路网通行能力风险、路径复杂性以及应急物资需求的不确定性，构建了以应急物资运达总时间最少和系统总成本最小为目标的模糊随机规划模型，并针对模型特点设计了模型求解的改进遗传算法。伦尼莫等人（2014）将运输工具可用数量、设施状态以及需求量视为随机变量，构建了一个三层混合整数随机规划模型。梅特和扎宾斯基（2010）研究了应急药品储备的选址和分配问题，构建了随机规划模型，针对灾害中存在的不确定性，用灾害情景方式进行刻画，模型仅考虑一种运输工具。张富盛等人（2014）构建了以未满足需求量最小、运输时间最短、运输成本最小为目标的多供应点、多需求点应急物资调运多目标模型，重点研究了模型求解的基于贪婪搜索的多目标遗传算法。王旭坪等人（2013）将行为科学理论中的公众心理风险感知程度引入应急物资调运决策问题中，用前景理论刻画公众对应急物资获取时间的风险感知程度，得出对应的风险感知曲线和函数模型，并构建了以最小化公众心理风险感知程度和物资未满足度为目标的混合整数规划模型，设计了模型求解的多层搜索算法。

3. 单供应点、多需求点应急物资调运

单供应点、多需求点应急物资调运是应急物流中的“最后一公里”问题，也被称为应急物资配送。这是在经典的车辆路径问题（Vehicle Routing Problem,

VRP）基础上，进一步考虑应急物资配送过程中可能出现的情况衍生形成的。

众所周知，自1959年丹齐格和拉姆泽提出车辆路径问题（VRP）以来，因其在理论和应用上非常具有代表性，很快便引起了运筹学、组合数学、应用数学、图论与网络分析、物流科学和计算机应用等学科专家和相关领域管理者的重视，并一直作为运筹学和组合优化领域的前沿与研究热点问题，成为"最近十年运筹学领域最成功的研究之一"（陈森，2011）。经过半个多世纪的深入研究和不断发展，现已形成多种考虑不同约束条件的VRP衍生类型，其中的典型代表如表1－1所示（饶卫振，2012）。

表1－1　　　　代表性VRP一览

英文名称	通称	主要约束
CVRP (Capacited VRP)	容量限制的VRP	车辆具有最大装载量约束
DCVRP (Distance－Constrained VRP)	距离约束的VRP	车辆同时具有载重和行驶距离约束
VRPTW (VRP with Time Windows)	带时间窗的VRP	需求点指定一个服务时间段
VRPB (VRP with Backhauls)	回程取货的VRP	回程取货
VRPSD (VRP with Stochastic Demand)	随机需求的VRP	需求服从概率分布
VRPFD (VRP with Fuzzy Demand)	带模糊需求的VRP	需求模糊
TDVRP (Time－Dependent VRP)	时间依赖性VRP	车辆行驶速度不同
OVRP (Open VRP)	开放式VRP	车辆完成任务后可不回供应点
HFVRP (Heterogeneous Fleet VRP)	多车型VRP	多种车型
VRPTD (VRP with Times Deadlines)	带时限的VRP	需求点指定最晚服务时间
DVRP (Dynamic VRP)	动态VRP	配送之前不能获知全部信息

得益于 VRP 深厚的理论基础和大量的研究成果，单供应点、多需求点应急物资调运也受到了国内外学者的广泛关注和深入研究。袁媛和王定伟（2009）考虑灾害发生后的诸多实际因素，提出了关于路径选择的两个数学模型，单目标路径选择模型将弧之间的运输时间考虑为连续递减函数，以总运输时间最短为目标函数，多目标路径选择模型以总运输时间最短和包含的路径弧最少为目标函数。张晓格等人（2013）针对现有关于路径选择问题的研究将行程时间考虑为常数的情况，提出了一种新的生物启发式方法，用于求解路径选择问题。田军等人（2011）针对应急条件下物资调运面临的需求信息不准确、需求紧急程度差异和运输路网动态变化的复杂环境，借助模糊数学中的三角模糊数描述应急物资需求量，利用连续速度时间依赖函数模拟真实的动态路网交通状况，并考虑不同需求点的需求紧急程度差异，构建了以车辆总行驶时间最短、送货量接近偏好需求量程度最大的多目标数学模型，并设计了针对此类组合优化模型的快速高效的粒子群优化算法。葛洪磊等人（2010）考虑了灾害严重程度、物资属性、受灾点属性等各种因素，构造了受灾人员的损失函数（该函数是关于各受灾点未满足需求量的幂函数），并以受灾人员损失最小为目标，提出了多受灾点、多商品应急物资分配模型，设计了对应的贪婪求解算法。苏兵等人（2013）针对应急物资总量紧缺不能全部满足需求的实际情形，构建了带时间窗、车辆数目有限的应急物资配送车辆路径选择模型，模型以单个需求点最大、缺货量最小为目标。布利克等人（2008）在供应量、车辆容量以及运输时间的限制下，提出了以最小运输费用和最小未满足需求量为目标的混合整数规划模型，用于决策车辆的调度和物资的公平分配问题。林燕鸿等人（2011）考虑软时间窗、多周期路径规划以及分批到货策略，对优先顺序的应急物资调运问题进行研究，构建了以最小未满足需求量和最小总运输时间为目标的多目标整数规划模型。巴巴罗索鲁和阿尔达（2004）提出了基于多种物资、多周期网络流的两阶段随机优化模型，用于决策应急物资向受灾地域配送的问题，模型以运输成本最小化为目标，模型中涉及的需求量和供应量均考虑为随机变量。

针对现有关于单供应点、多需求点应急物资调运问题的研究只考虑未受损道路构成路网的情况，陈森等人（2011）、阎上饶和施宇林（2009）和刘亚杰等人（2012）将抢修失效路段与应急物资调运联为二级递阶系统，提出了一类基于可变路网结构的应急物资调运问题，并针对决策过程中可能存在的多种不确定性（需求不确定性、运输时间不确定性等）展开深入研究，构建了多个数学模型，研究内容本质上是考虑路网可变情况下的车辆路径规划问题。

4. 多级网络应急物资调运

现实中，应急物资通常会通过多层节点实现应急物资的空间位移，这种由多层节点抽象构建的网络结构正是多级应急网络。从现有研究成果看，国内外主要以三级应急网络为研究对象研究应急物资的调运模型，也有少数研究成果以实际多层应急网络为背景对决策模型展开研究。三级应急网络主要由供应点、配送中心和需求点构成。

王海军等人（2012）针对大规模突发事件的应急物资调运问题，构建了以总运输时间和应急成本最少为目标、多种运输方式联合调运的应急物资动态调运决策的多目标非线性整数规划模型。庞海云等人（2012）综合考虑应急响应时间限制与应急物资调运中的公平性要求，构建了以系统损失最小为目标的应急物资运输和分配决策模型，并针对模型的特点提出了粒子群算法的改进策略。王绍仁和马祖军（2011）充分考虑震后应急物流具有突发性、多层级性和时效性等典型特征，提出了一个以系统总耗时最少为目标的定位-路径规划问题模型，并根据模型特点提出了基于两阶段分解思想的“三角”启发式算法；维托里亚诺等人（2011）从成本、时间、公平性、优先权、可靠性和安全性等多个角度考虑，构建了一个关于人道救援物资分配问题的多目标线性规划模型。为动态响应大规模自然灾害，阿法沙和哈冈尼（2012）以美国联邦应急管理局（Federal Emergency Management Agency，FEMA）应急保障网络为研究对象，构建了以未满足物资量最小化为目标函数的综合性集成应急决策模型，控制多种应急物资在保障网络中的流通，直至运送到受灾人员手中。模型不仅考虑到车辆路径规划、应急物资调运问题，而且还考虑到了临时设施的最优选址。

1.2.4 应急物资调运决策支持系统研究现状

国外比较重视应急物资调运决策系统的研究，尤其是一些灾害频发的国家，应用地理信息技术和人工智能技术形成了一些比较有代表性的研究成果，在森林防火、地震灾害、矿井灾难、废弃物泄漏事故等方面都建立了一批卓有成效的应急决策支持系统。佐格拉夫斯和安德鲁索普洛斯等人（2000，2008）提出了用于危险物资紧急响应的决策支持系统统一框架模型。泽格和史密斯（2003）基于GIS（地理信息系统）技术，研发了灾害应急响应的决策支持系统，该系统可以为应急物资的调运提供方案决策支持。鲁伊斯等人（2011）以加拿大魁北克应急物流现实需要为背景，开发了集成有定位与运输优化模块、应急物资调运模块和数据库等重要内容的决策支持系统。近年来，国内学者也根据不同应用背景，应用 GIS 等相关技术建立了一些应急物资调运决策系统。曹钰等人（2003）提出了一种应急物资保障决策系统，该系统能够实现应急物资查询、保障计划拟制等功能。丁传明等人（2008）根据决策支持系统理论，构建了军械物资运输决策支持系统的总体结构，并对涉及的各子系统进行了详细设计。柴秀荣（2009）设计并实现了一个基于 GIS 技术的救灾物资调运系统，经反复测试，系统功能正确、性能稳定。姜静逸（2010）针对机场应急资源调运系统规模大、构成因素多、因素间关系复杂和实时开放的特点，采用多 Agent 技术构建了机场应急资源调运体系框架，并对抽象出的各实体 Agent 进行了深入分析。寇苗等人（2010）构建了渤海石油平台应急物资调运系统，系统主要由应急指南模块、应急物资调运模块、数据管理模块和桌面地图模块组成。

综上，国内外学者针对各自的应用领域，应用计算机技术、地理信息技术构建了相应的应急物资调运决策系统。遗憾的是，目前还未曾见到结合我军军事物流信息化建设的实际研究军队抢险救灾应急物资调运决策支持系统的相关文献。

值得一提的是，由于多 Agent 系统（Multi - Agent System，MAS）理论对于复杂系统的强大表现力及其开放性、智能化等特性，近年来成为国内外学者进行决策支持系统设计、构架的重要理论选择（鄂越，2012；刘博元等，2011）。国外目前在基于 Agent 的决策支持系统的研究技术上已经比较成熟，开发出了一些系统并投入应用，有些系统已经应用多年。MAS 理论在国内的研究起步相对较晚，但同样被引入不同领域构建了一系列决策支持系统模型。

1.2.5 研究现状总结

国内外学者现已对军队抢险救灾应急物资调运问题涉及的相关内容进行了较为深入的研究，在军队抢险救灾应急物流、应急物资需求预测、应急物资调运决策模型、应急物资调运决策支持系统等方面已经形成了阶段性的定性或定量理论成果。然而，通过广泛查阅文献资料、深入分析文献内容，发现现有相关研究仍存在不足，与军队抢险救灾应急物资调运的现实需要还有一定差距。为明确本书研究起点，现对各部分研究现状总结如下。

1. 军队抢险救灾应急物流研究方面

分析该部分研究现状可知，我军对抢险救灾应急物流的研究起步较晚，多数研究成果在汶川抗震救灾行动后才涌现，研究内容主要涉及军队抢险救灾应急物流、应急物资采购、应急物资储备三方面的宏观性、战略性建设思路，如提出应建立联合指挥体系、应急物流信息平台、法规制度体系等。

通过研究现状的对比分析，可以得出以下结论。其一，现有军队抢险救灾应急物流相关研究成果主要是学者们从各自角度出发提出的宏观性、指导性建设思路，尽管涉及内容多、涵盖面广，但着眼我军军事物流信息化发展需要，从现代物流理论和信息化的视角考虑军队抢险救灾应急物流该如何组织、如何运作的研究有待深入探讨。其二，现在关于应急物资采购和应急物资储备的研究已受到关注，然而同样作为军队抢险救灾应急物流的重要内容，有关应急物资调运问题的研究鲜有涉足。

2. 应急物资需求预测研究方面

应急物资需求预测是应急物资需求量确定的主要方法和途径，目前已形成定性和定量两类预测方法。定性预测法主要依赖于预测人员的知识和经验进行判断，预测的客观性和准确性难以保证，适用于历史资料数据较为稀缺条件下的应急物资需求预测。定量预测法主要根据相关理论构建的数学模型进行需求预测，适用于历史资料数据较为完备条件下的应急物资需求预测，现已形成案例推理、灰色系统和分步式三类预测模型。

案例推理模型属于静态需求预测，适用于需求总量预测；而灰色系统模型和分步式模型属于动态需求预测，能实现任意给定时刻的需求预测。灰色系统模型根据历史需求数据得到具有较好拟合程度的曲线，以数据的走势实现需求预测，不需要考虑应急物资需求对象的数量。分步式模型以被保障对象数量为依据，根据安全库存理论预测应急物资需求。与灰色系统模型相比，分步式模型原理更简单、计算更方便，是当前应急物资需求预测的重要研究内容。然而，在现有分步式模型中，伤亡人数估算是众多学者研究的重点，而安全库存理论中的提前期被简单地考虑为常数。

在军队抢险救灾行动中，应急物资需求量的预测是应急物资调运的前提和基础，因此必须研究与军队抢险救灾行动特点相适应的应急物资需求预测方法。鉴于军队抢险救灾行动中绝大部分应急物资的需求与被保障对象的数量之间存在较大的相关性，通过分析可知，分步式模型可为军队抢险救灾应急物资需求量的预测提供可行的定量预测方法。然而，受应急物资筹措能力、交通运输能力及道路条件等诸多不确定性因素的影响，实践中提前期通常为随机变量。因此，需根据现实需要对现有分步式模型的实用性进行改进。

3. 应急物资调运决策模型研究方面

（1）多供应点、单需求点。

当前，有关多供应点、单需求点应急物资调运决策模型的研究成果主要是在刘春林等人提出的多供应点组合优化问题基础上不断深入拓展形成的。归纳起来，现有研究成果考虑的决策目标包括应急时间最短、供应点数目最少、应急成本最小、应急可靠性最高，其中应急时间最短、供应点数目最少是主流的决策目标，考虑的应急物资种类既有单种应急物资也有多种应急物资，考虑的约束条件既有时间约束也有资源约束。现有研究尽管已取得阶段性成果，但仍存在两点不足：一是现有研究成果大多未考虑运输能力的约束，均默认只存在一种运输工具，即使个别学者考虑了运输能力约束，但仍只考虑了一种运输工具，且将运输能力简单地定义为最大可运输量；二是相比于单种应急物资调运，考虑多种应急物资调运的研究相对较少，将运输能力约束和多种应急物资需求相结合进行研究的成果更少。

多供应点、单需求点应急物资调运是军队抢险救灾实践行动中经常面临的决策活动。考虑到救灾行动中同时存在的应急物资需求多样、运输工具种类多样但数量有限的现实情况，现有决策模型还不能满足军队抢险救灾多供应点、单需求点应急物资调运的实际需要。

（2）多供应点、多需求点。

目前，国内外学者已对多供应点、多需求点应急物资调运决策模型进行了较为深入的研究，考虑的决策目标包括：运输总时间最短、系统总成本最小、未满足需求量最小、公众心理风险感知程度最低等，研究的供需关系既有供大于求也有供不应求。尽管如此，现有模型仍存在以下不足：一是模型尚未考虑需求点对不同应急物资需求紧迫程度的差异；二是模型是在供大于求或供不应求情况下提出的，且很少同时考虑运输工具和应急物资种类的多样性，普适性较差。

多供应点、多需求点应急物资调运决策同样普遍存在于军队抢险救灾行动的全过程，既考虑需求点对不同应急物资需求紧迫程度的差异，又考虑运输工具和应急物资种类的多样性。提出能满足不同供需关系的决策模型是军队抢险救灾应急物资调运方案制订的现实需要。

(3) 单供应点、多需求点。

单供应点、多需求点应急物资调运决策模型是在 VRP 基础上展开的。受 VRP 深入且广泛研究成果的影响，单供应点、多需求点应急物资调运决策模型的研究现已取得较为丰硕的研究成果（如表 1－2 所示），形成了诸多考虑不同现实需要的理论模型，部分学者既考虑了应急物资需求的多样性，也考虑了运输工具种类的多样性；还有部分学者专门将单供应点、多需求点应急物资调运与道路抢险进行联合决策，形成了一系列比较有创新性和实用价值的研究成果。

表 1－2　现有单供应点、多需求点应急物资调运决策模型考虑的目标及约束

研究学者及研究时间	目标函数	物资种类	运输工具种类	运输工具数量
田军等，2011	车辆行驶总时间最短，送货量接近偏好需求量程度最大	单种	单种	无限
葛洪磊等，2010	受灾人员损失最小	多种	单种	无限
苏兵等，2013	单个需求点最大，缺货量最小	单种	单种	有限
布莱克等，2008	运输费用最小，未满足需求量最小	多种	多种	有限
林等，2011	未满足需求量最小，总运输时间最短	多种	多种	有限
巴巴罗索格等，2004	运输成本最小	多种	多种	有限
陈森等，2011	物资未满足度最小，总的物资延迟最小	多种	单种	有限

(4) 多级网络。

多级网络应急物资调运决策模型是根据应急物资需要通过多层网络节点才能到达需求点的这一可能情况而展开的理论研究，相比于其他三种类型的决策模型，多级网络应急物资调运决策模型不仅考虑的因素更多、更复杂，而且其使用的可能性更小，因此相关研究成果相对较少。

4. 应急物资调运决策支持系统研究方面

国内外学者针对各自的应用领域，应用计算机技术、地理信息技术构建了相应的应急物资调运决策支持系统。遗憾的是，目前还未曾见到结合我军军事物流信息化建设的实际研究军队抢险救灾应急物资调运决策支持系统的相关文献。作为决策支持系统设计、构架的重要理论选择，MAS 理论在决策支持系统模型构建、系统研发等方面已受到国内学者的广泛关注。

事实上，军队抢险救灾应急物资调运决策支持系统包含诸多分散布局且兼具自治性特点的物流实体，属于典型的复杂系统，与 MAS 在结构和特性上具有许多共同点，如物理实体的分布性、单元的分立自治性等。因此，具有灵活自治行为的 MAS 理论可以为军队抢险救灾应急物资调运决策支持系统的研究提供一个良好的研究思路。

1.3 研究内容与全书组织

1.3.1 研究内容

针对现有研究的不足，本书着眼于我军应急救灾效率需要，围绕为军队抢险救灾应急物资调运问题提供系统化的解决理论和方法，在研究军队抢险救灾应急物流运作模式的基础上，对军队抢险救灾应急物资调运中的三个关键问题（应急物资需求量预测、应急物资调运方案制订、应急物资调运决策支持）展开深入研究。整体研究思路如图 1－1 所示，具体研究内容如下。

1. 提出军队抢险救灾应急物流运作的创新策略

按照军民融合物流建设思路以及现代物流理论中的共同配送、混合配送思想，从组织结构、职能分工和保障手段三个方面提出军队抢险救灾应急物流运作的创新策略，为我军抢险救灾应急物流保障提供理论参考的同时，也为后续研究奠定理论基础。

2. 构建军队抢险救灾应急物资需求量预测的理论和方法

研究军队抢险救灾应急物资需求量预测的理论和方法，按照定性预测与定量预测相结合的思路，给出需求预测的流程和步骤，重点针对现有分步式模型的不足，同时考虑救灾过程提前期和需求的随机性，根据需求与提前期均随机时的安全库存理论提出军队抢险救灾应急物资需求预测模型，为军队抢险救灾应急物资需求量的预测提供定量的预测方法。

3. 构建军队抢险救灾多供应点、单需求点应急物资调运模型，并提出求解算法

兼顾单种和多种应急物资需求，综合考虑运输工具种类多样、数量有限，

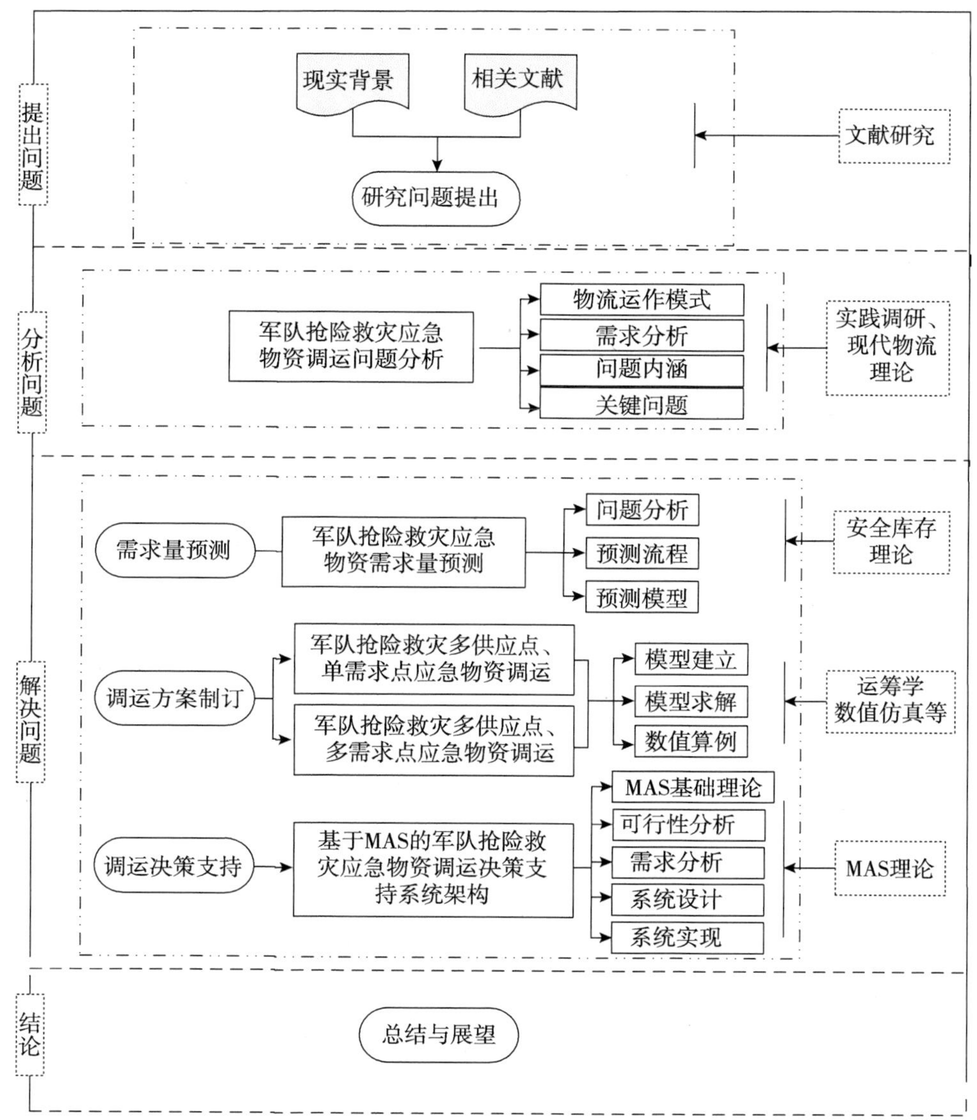

图1－1　研究思路

且同时具有最大载重和最大容积约束的现实情况，构建军队抢险救灾多供应点、单需求点应急物资调运模型，并提出模型求解算法。

4. 构建军队抢险救灾多供应点、多需求点应急物资调运模型，并提出求解算法

从需求点的角度同时考虑应急物资的需求紧迫程度、运达时间和需求满足率，并兼顾不同供需情况以及应急物资和运输工具种类的多样性，构建军队抢险救灾多供应点、多需求点应急物资调运模型，并提出模型求解算法。

5. 构建军队抢险救灾应急物资调运决策支持系统架构模型

引入 MAS 理论和 GIS 技术，构建军队抢险救灾应急物资调运决策支持系统架构模型，为军队抢险救灾应急物资调运决策支持系统的研发提供理论参考。

值得一提的是，军队抢险救灾应急物资调运方案制订过程中还可能涉及单供应点、多需求点应急物资调运决策、多级网络应急物资调运决策，本书之所以未对这两项内容展开深入研究，主要基于以下两点考虑。一方面，单供应点、多需求点应急物资调运模型的现有研究成果较为丰富，足以满足军队抢险救灾行动对该类问题求解的现实需要；多级网络应急物资调运模型在军队抢险救灾行动中使用的频度和可能性较小，对该问题研究的理论意义大于其实际应用价值。另一方面，研究时间和精力所限。

1.3.2 全书组织

全书共分 7 章，第 2 章为研究问题分析，第 3、4、5、6 章为本书核心，第 3 章为需求量预测，第 4 章和第 5 章为调运方案制订，第 6 章为调运决策支持。各章具体内容如下。

第 1 章介绍研究背景及意义，综述军队抢险救灾应急物资调运问题相关内容的研究现状，总结现有研究的不足并确定本书研究内容。

第 2 章阐述相关概念，论述军队抢险救灾应急物流运作模式，总结军队抢险救灾应急物资需求内容及特点，概述军队抢险救灾应急物资调运问题内涵（地位与作用、目标与原则、复杂性及决策过程），分析军队抢险救灾应急物资调运关键问题。

第 3 章在分析军队抢险救灾应急物资需求量预测问题的基础上，按照定性预测与定量预测相结合的思路设计预测流程，给出军队抢险救灾应急物资需求量预测的总体解决思路。在现有分步式模型基础上，考虑提前期和需求的随机性，提出军队抢险救灾应急物资需求预测模型。

第 4 章兼顾单种和多种应急物资需求，考虑运输工具种类多样、数量有限且具有最大载重和最大容积约束的现实情况，构建军队抢险救灾多供应点、单需求点应急物资调运决策模型，并根据模型特点设计模型求解算法。

第 5 章考虑需求点对应急物资需求紧迫程度的差异，并兼顾模型对不同供需情况、不同种类应急物资和运输工具的普适性，构建军队抢险救灾多供应点、多需求点应急物资调运决策模型，并根据模型特点设计模型求解算法。

第 6 章引入 MAS 理论，从 MAS 基础理论、可行性分析、需求分析、系统设计、系统实现关键技术五个方面构建基于 MAS 的军队抢险救灾应急物资调运决策支持系统架构模型。

第 7 章总结全书，并对下一步研究工作进行展望。

1.4 本章小结

本章从研究背景出发，论述了本书研究意义，综述军队抢险救灾应急物资调运问题相关内容的研究现状，总结现有研究成果，确定本书研究内容和研究思路，并阐述全书的组织。

2　军队抢险救灾应急物资调运问题分析

2.1　相关概念

1. 突发事件

《中华人民共和国突发事件应对法》给出了突发事件的明确定义：指突然发生，造成或者可能造成严重社会危害，需要采取应急处置措施予以应对的自然灾害、事故灾难、公共卫生事件和社会安全事件。该法根据突发事件的发生过程、性质和机理，将突发事件分为四类：自然灾害、事故灾难、公共卫生事件和社会安全事件；按照突发事件性质、严重程度、可控性和影响范围等因素，将突发事件分为四级：特别重大突发事件（Ⅰ级）、重大突发事件（Ⅱ级）、较大突发事件（Ⅲ级）和一般突发事件（Ⅳ级）。

从军队的立场出发，《中华人民共和国突发事件应对法》和《军队处置突发事件应急指挥规定》将突发事件的四个等级进行了具体阐述：特别重大突发事件（Ⅰ级），指《中华人民共和国突发事件应对法》明确的特别重大突发事件、《中国人民解放军安全条例》明确的特大事故，或动用超过 1 个师以上规模兵力进行处置和参加处置的事件。重大突发事件（Ⅱ级），指《中华人民共和国突发事件应对法》明确的重大突发事件、《中国人民解放军安全条例》明确的重大事故，或动用超过 1 个团、不超过 1 个师规模兵力进行处置和参加处置的事件。较大突发事件（Ⅲ级），指《中华人民共和国突发事件应对法》明确的较大突发事件、《中国人民解放军安全条例》明确的严重事故，或动用超过 1 个营、不超过 1 个团规模兵力进行处置和参加处置的事件。一般突发事件（Ⅳ级），指《中华人民共和国突发事件应对法》明确的一般突发事件、《中国人民解放军安全条例》明确的一般事故，或动用营以下分队进行处置和参加处置的事件。

2. 抢险救灾

目前，有关抢险救灾的定义多是以灾情分类为基础提出的，部分有代表性的定义如下。

新版《中国人民解放军军语》中的定义：武装力量参加中央或地方政府组织的，对重大自然灾害及事故进行救援的非战争军事行动；《抢险救灾行动》中的定义：对自然灾害和重大事故等造成的灾害实施的紧急排险和施救行动；《部队抢险救灾后勤指挥问题研究》中的定义：在发生重大自然灾害、事故灾难和公共卫生事件等严重社会危害时，国家和政府组织包括军队在内的各种力量，排险抢救、消除灾害，以最大限度地避免或减少灾害所造成损失的措施和行动；《多样化军事任务组织指挥研究》中的定义：军队运用各种力量控制、减轻和消除各种重大自然灾害、事故灾难、公共卫生事件引起的严重社会危害的一系列应对活动。

分析上述定义可知，尽管不同学者或专业机构对抢险救灾定义的阐述存在差异，但定义中对抢险救灾作用对象的认识是一致的，即普遍认为抢险救灾主要针对的是重大自然灾害、事故灾难和公共卫生事件，且强调“重大”。军队抢险救灾主要针对的是特别重大突发事件（Ⅰ级）和重大突发事件（Ⅱ级）范畴内的自然灾害、事故灾难和公共卫生事件。实际上，军队出动应对的灾害往往是特大灾害。

3. 应急物资

所谓应急物资，是指在突发事件即将发生前用于控制突发事件发生，或突发事件发生后用于疏散、抢险、抢救等应急救援的工具、物品、设备、器材、装备等一切相关物资。这是关于应急物资的一般性定义。

4. 调运

《现代汉语词典》对“调运”的解释是：调拨和运输。而“调度”一词在《现代汉语词典》中的解释为：常用作动词，指管理并安排（工作、人力、车辆等）；用作名词，指做调度工作的人。事实上，“调度”多指任务进行过程中各子任务执行顺序的调整安排，具体到应急物资调度主要指在多个时间段内对车辆安排及其运行线路等运输子任务进行调整。而本书研究的根本在于通过提出相应的理论和方法为各供应点实体生成较为优化的调拨量，进而形成可操作的运输方案。因此，为准确体现本书研究主旨，本书以“调运”为题。

根据对上述相关概念的辨析，可将军队抢险救灾应急物资调运界定为：在应对特别重大或重大自然灾害、事故灾难和公共卫生事件的紧急排险和施救行动中，军队后勤部门根据救灾部队提出的给养、被装、作业器材等应急物资需求，科学制订各供应点运输工具的调运方案，在尽可能短的时间内，以最大限度地满足应急物资需求为目的，将一定数量、种类的应急物资从供应点运达需求点的过程。军队抢险救灾应急物资调运是军队抢险救灾应急物流的重要工作，可有效指导应急物资的筹措，直接关系着应急物资的运输。

2.2 军队抢险救灾应急物流运作模式

近年来，随着军队频繁参加各种抢险救灾行动，军队支持抢险救灾后勤保障相关理论不仅为军队各级部门管理实践提供理论支持，而且还是学术界的研究热点。作为军队抢险救灾后勤保障的核心，军队抢险救灾应急物流对快速形成部队救援力量、持续保障救援行动起着举足轻重的作用。从历次救灾实践来看，现有的军队抢险救灾应急物流运作模式尽管发挥了重要作用，但仍然存在诸多不足，如组织结构不够完善、信息化程度偏低等。为有效提高军队抢险救灾后勤保障的效率和效益，加速推进非战争军事行动后勤保障能力建设，有必要在现有实践经验基础上，发展、创新军队抢险救灾应急物流运作模式。

2.2.1 军队抢险救灾应急物流运作的现状

2016 年 9 月中央军委联勤保障部队（以下简称“联勤保障部队”）成立，标志着具有中国军队特色的现代联勤保障体制正式建立，但联勤保障部队成立以来，还未正式参加过抢险救灾行动。因此，本书阐述的军队抢险救灾应急物流运作现状主要是基于联勤保障部队成立以前的救灾行动实践经验总结。

救灾行动开始后，军委机关会视情指定灾害发生地域内的军队后勤部门实施应急物流保障。当受灾地域涉及多个战区时，通常进行划区保障。如唐山大地震中，原沈阳军区后勤部和原北京军区后勤部以唐山市的陡河为界，陡河以东的部队和受灾人员由原沈阳军区后勤部负责保障，以西则由原北京军区后勤部负责保障。而在灾害发生地域所在战区，通常会联合参与救灾的各军兵种后勤机构，以军区联勤部为主体组建形成联指联勤部，实施统一的后勤保障。联指联勤部再根据指挥部划分的责任区，依托战略投送物资、应急采购物资以及预置在战区范围内的战略、战术储备物资，以临时抽组野战兵站的形式作为前伸支援保障力量，配套实现对各责任区的划区保障，进而在救灾地域范围内纵横交错地部署多种应急物流实体，如战略投送物资临时储备点、采购供应商以及战区范围内的战略、战役仓库、野战兵站等。这样，便构成了总部—联指联勤部—责任区后勤—部队后勤四级应急物流保障体制，形成了战略应急物资供应实体—战役应急物资供应实体—责任区野战兵站—部队四级应急物流保障网络。

救灾部队根据自己的后勤保障实力，通常采取多种应急物流运作方式。对于成建制的部队，如集团军，主要依托自身建制后勤机构组织实施，采取的运作方式如下：一是根据联指联勤部提供的供应商信息组织采购（经费供应），通过自身运力自提或供应商配送；二是协调责任区野战兵站供应，自行前往野战兵站领取或协调野战兵站配送（实物标准供应）；三是当采购和野战兵站不能满足需求时，主要通过建制后勤与联指联勤部进行协调，联指联勤部根据物资的急需程度采取有效的运输方式将物资送达救灾部队。对于不具备建制后勤力量的救灾部队，更多地以协调责任区野战兵站请领的方式实现物资保障。

2.2.2　军队抢险救灾应急物流运作的不足

现有的军队抢险救灾应急物流运作模式是根据我军原有的联勤保障模式探索、发展而来，尽管为我军近几次抢险救灾行动的有效开展提供了强有力的支撑，但实践中也发现一些问题和不足。

1. 组织结构错综复杂

我军出动参加的抢险救灾行动往往针对的是特别重大或重大灾害，通常具有救灾部队建制多、救援保障规模大等特点。如汶川抗震救灾行动中，我军共投入13万余名官兵，涉及7个军区和海军、空军、二炮及总部直属单位，共计500多个团级以上单位。不同建制、不同规模的救灾部队常常同时部署在同一责任区，增加了应急物流组织、协调的难度。由于责任区内的救灾部队与联指联勤部间很少具有直接的隶属保障关系，使得责任区内难以形成统一的组织机构实施应急物流保障，进而呈现出不同的应急物流组织结构。一些无建制后勤力量或建制后勤力量难以保障的救灾部队基本是依托野战兵站实施联勤支援保障，形成“总部—联指联勤部—野战兵站—救灾部队后勤”四级应急物流组织结构；而一些有建制后勤力量的救灾部队更多地依赖自身的建制保障体系直接与联指联勤部进行协调，形成“总部—联指联勤部—建制单位后勤”三级应急物流组织结构。此外，由于缺乏制度规范和专门训练等原因，由联勤分部临时抽组的野战兵站有时还存在“联指联勤部—联勤分部—野战兵站”的组织结构。这种错综复杂的组织结构与现行的救灾指挥体制是不相符的，不仅会影响救灾行动的指挥效能，而且还会增加应急物流运作的协调难度、降低应急物流运作的整体效益。

2. 物流运作粗放低效

按照系统论的观点，军队抢险救灾应急物流本质上也是一个包含众多物流实体，且各实体间相互联系、彼此协作，完成物资从供应点向需求点实现空间位移的复杂系统。从实践来看，军队抢险救灾应急物流运作较为粗放，与现代物流理论中的共同配送、集成运作等理念还存在显著差距，具体表现在如下方面：其一，责任区内存在大量建制部队后勤面向供应商、野战兵站等实体自筹自给的情况，这种各自为政的应急物流运作模式不仅容易造成资源的竞争，而且还会给灾区原本紧张的道路资源增加负担，造成交通拥堵；其二，在物资收、发、存过程中，缺乏必要的分拣、理货和组配等物流环节，常常影响物资查找效率、物资配套使用效果，甚至出现物资运抵后由于规格、型号不符合要求不能使用的情况；其三，各应急物流实体的运输工具配置不够合理，经常性地导致“供不上”；其四，军队抢险救灾应急物流运作涉及大量决策过程，如采购决策、物资调运决策等，实际运作更多地依赖指挥员的主观决策，缺乏对全局信息的掌控和统筹，往往形成不合理的决策方案，降低物流资源的使用效率。

3. 信息交互原始落后

军队抢险救灾应急物流运作是多部门间交互协作的过程，必然涉及信息的传输和处理。从实践来看，当前的信息交互效果与军队抢险救灾应急物流的时效性要求还存在较大差距，主要表现在通信手段和信息处理两个方面。通信手段方面，由于我军“动中通”的问题尚未得到真正解决，部门之间的保障协调和需求申报等信息交互缺乏配套的通信装备，仅依靠手机、对讲机和电台等基本通信手段。在抢险救灾野战条件下，由于信息量巨大且记录条件较差，这种单线程的通信方式不仅容易造成信息沟通不到位，影响应急物流运作的准确性，而且不利于决策部门对物资信息的实时可知和可视，难以形成科学合理的决策方案。信息处理方面，受我军在信息化建设方面存在的各自为政和集成开发滞后等现状的影响，尽管部分专业保障部门已经拥有了相应的信息系统，但由于缺乏统一的规划设计，部门之间信息难以实现互联互通，以致物资信息采集、汇总、分析统计主要还是依靠手工作业完成，一定程度上制约了应急物流运作的及时性、科学性和精确性。

2.2.3 军队抢险救灾应急物流运作的要求

抢险救灾行动具有时机上的突然性、地域分布上的广域性、保障对象的多元性以及物资消耗的规模性等特点，因此对军队抢险救灾应急物流的运作提出了以下要求。

1. 组织结构统一精简

军队抢险救灾应急物流的有效运作事关灾区群众的切身利益，具有较强的政治性和敏感性。因此，应在现有联勤保障部队体制基础上，快速构建统一的军队抢险救灾应急物流组织机构，避免“令不畅”“送不到”等问题的出现。此外，还需按照“大联勤、大系统、大物流”的理念，打破自成体系、自我保障的传统封闭式做法，按照快速反应、统筹全局的要求，构建精简化的军队抢险救灾应急物流运作组织结构，减少不必要的保障层级，并在综合考虑任务量和通行情况等因素的基础上，尽可能地按照就近便捷、纵深梯次、横向支援的要求布局各级物流实体。

2. 物流过程顺畅高效

军队抢险救灾应急物流是一项复杂的系统工程，需要经常性地协调有限物流资源与动态需求之间的矛盾。保障活动的复杂性和系统性，要求军队抢险救灾应急物流各环节科学组织、规范操作，避免行动的盲动性和随意性。一是运用现代物流理论指导并规划军队抢险救灾应急物流的各环节，优化各物流节点流程，确保物资流的顺畅；二是按照效率为先的要求，根据物流流量大小为物流实体配置一定数量的物流作业和运输设备，以便满足物流的批量化运作的同时，实现道路交通不利情况下的直达运输，提高运作效率。

3. 运作手段实时科学

军队抢险救灾应急物流活动伴随着大量的物流信息，对这些物流信息进行实时处理成为军队抢险救灾应急物流高效运作的关键。按照我军“建设信息化军队、打赢信息化战争”的总体要求，军队抢险救灾应急物流必须依赖先进的信息技术、网络技术等手段实现信息的采集、传输，在此基础上运用数学理论指导并研究与军队抢险救灾应急物流运作实际相符合的科学理论方法，快速有效地形成适时、适地、适量的决策方案，实现保障的精准性。

2.2.4 军队抢险救灾应急物流运作的创新策略

鉴于目前军队抢险救灾应急物流运作存在的问题和不足，为有效提升其运作的效率和效益，有必要在现有保障实践基础上，结合当前我军后勤保障新体制，根据上述提出的运作要求，创新军队抢险救灾应急物流运作模式，以期为我军未来抢险救灾行动应急物流保障提供理论参考。具体创新策略如下。

1. 一体化的组织结构

在我军现行的联勤保障部队体制基础上，根据军民融合式物流建设思路以及现代物流理论，军队抢险救灾应急物流可按照图 2－1 给出的结构示意快速形成以救灾联合保障部（以下简称“联合保障部”）为核心，以后方物资供应点、责任区保障中心以及需求点为架构的三级物流组织结构。

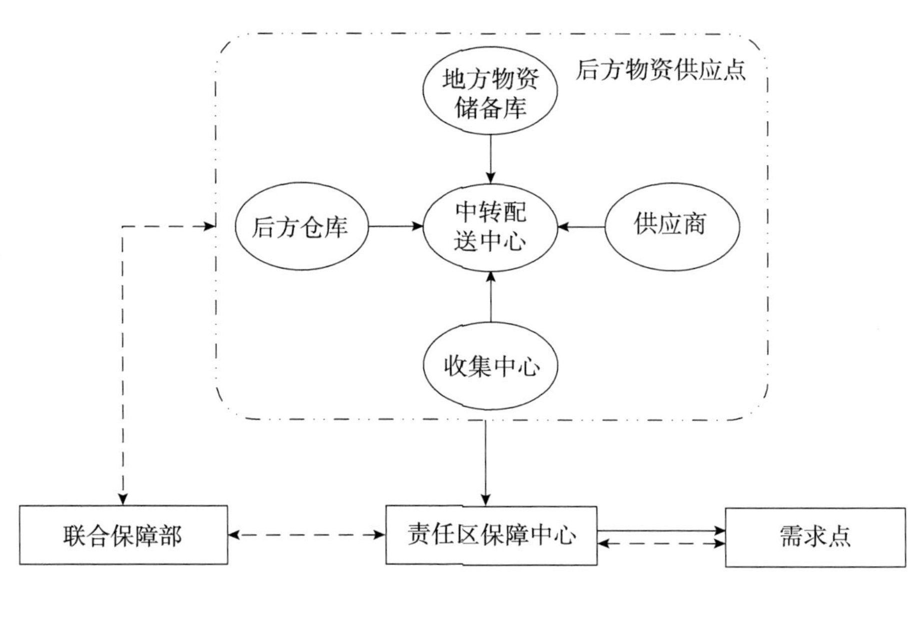

图 2－1　军队抢险救灾应急物流组织结构示意

联合保障部是军队抢险救灾应急物流的组织领导机构，可由军委后勤保障部救灾后勤保障协调组、联勤保障基地领导、灾害发生地域内联勤保障中心领导、参与救灾的各军兵种后勤部领导以及地方政府领导等临时组建而成，以灾害发生地域内的联勤保障中心机关为主体行使组织指挥权限，统一指挥后方物资供应点对责任区保障中心的应急物资保障。当灾害发生地域涉及两个及以上的战区时，将灾害地域视为整体统一考虑，仍设立统一的联合保障部。特殊情况下，联合保障部也可指挥后方物资供应点直接向需求点调运所需物资。

后方物资供应点是军队抢险救灾应急物流的前端环节，主要由后方仓库、收集中心、供应商、地方物资储备库以及中转配送中心构成，接受联合保障部指挥。其中，后方仓库主要指联保中心下辖的各种综合仓库和专业仓库，紧急情况下联合保障部可申请立即动用。收集中心主要负责对政府、社会团体以及民众等捐赠的物资进行收集、归类、包装，对于灾区不需要的物资直接转交有关部门作为储备物资；并且作为募捐的重要信息平台，可以提高捐赠物资的针对性。供应商主要是指市场中与军队后勤部门具有协议保障关系的物资供应实体，既可能是军委机关、联保中心采购部门注册登记的常备供应商，也可能是临时建立供应关系的供应商。地方物资储备库主要指与地方协调进行物资供应的中央物资储备库等地方政府的常备储备仓库。中转配送中心是指设立在灾区周围机场、火车站等交通便利地方的配送中心，主要负责中转区外战略投送物资，并在联合保障部的指挥下实现应急物资的集中配送功能。后方物资供应点内的各物资供应实体不局限于图 2 - 1 中所示的物资流向，实际操作中可视情按照就近、方便的原则实现物资流通。

责任区保障中心是军队抢险救灾应急物流的中间环节，负责对指定区域内的救灾部队、受灾人员进行划区保障，向上与联合保障部协调，向下对责任区内的需求点服务。需求点由救灾部队、防疫分队、野战医院和地方救助点等组成，直接与责任区保障中心对接。

需要注意的是，实际运作中的收集中心、中转配送中心和责任区保障中心主要由联勤保障部队抽组形成，并可依据保障需求、地理条件等因素同时开设多个收集中心、中转配送中心和责任区保障中心。

通过对军队抢险救灾应急物流组织结构的重新梳理，整个物流网络将各种救灾力量、联勤保障力量以及地方保障力量有效地集成到一起，使得组织结构得到精简、统一，有利于提升运作效率。

2. 明细化的职能分工

联合保障部主要担负应急物资的采购、统筹使用和协调配置等职能，负责后方物资供应点、责任区保障中心和需求点之间的应急物资调运决策。后方物资供应点负责执行联合保障部制订的保障方案，并及时上报供应实力。为实现应急物流组织的科学有序，各后方物资供应点不仅应视情抽组力量组建分拣、理货、组配等小组，提高物流效率，而且还应配备适量的运输工具，便于物资的及时运送，对于具备飞行条件的供应点，如机场，还可配备立体运输工具以实现物资的快速投送。责任区保障中心担负信息中枢职能，接受并存储联合保障部调运的物资，实现对需求点的物资配送。考虑到定制化配送需求要求较高和配送交通条件较差的实际情况，责任区保障中心不仅要配备一定数量的车辆，还应根据条件配备适量的立体运输工具，如直升机等；同时在责任区保障中心内设置一定的分拣、理货、组配等保障力量，确保配送服务的及时、高效。需求点负责采集、处理各种需求信息，接受责任区保障中心的配送服务。

按照前端预置调运、后端共同配送进行分工后的军队抢险救灾应急物流网络，切实符合现代物流理论中的共同配送、混合配送思想，能有效改善以往粗放式的运作过程，提升整体效益。

3. 现代化的手段和方案

军队抢险救灾应急物流应着眼于我军军事物流信息系统建设成果，借助其提供的物资信息获取平台，在统一的建模工具和接口技术支持下，依托北斗卫星通信网络和军事综合信息网络，将联合保障部、后方物资供应点、责任区保障中心和需求点视为一体，研究满足实际需要的军队抢险救灾应急物流信息平台，实现需求计划、保障方案、供应实力等物流信息在各实体间的交互。此外，对于军队抢险救灾应急物流实施过程中涉及的各种保障方案，如需求点和责任区保障中心的需求计划方案，责任区保障中心的调运方案以及联合保障部的物资调运方案等，还应在构建军队抢险救灾应急物流信息平台基础上，重点展开两方面研究：一是研究相应的需求预测模型，作为需求点和责任区保障中心提报需求计划的主要依据；二是研究相应的调运决策模型，作为责任区保障中心和联合保障部制订调运方案的主要依据。

现代化的手段方案不仅可以有效解决信息失真、信息滞后等带来的运作不准确、不及时的问题，实现行动后消耗结算，而且能为军队抢险救灾应急物流辅助决策支持系统的运行提供有力支撑，真正实现物流运作“需求实时感知、资源可视掌控、决心及时正确、配送精准定向、行动全程调控”。

2.3 军队抢险救灾应急物资需求分析

不同于一般意义上的应急物资需求，军队参加的抢险救灾行动具有其特定条件和任务，本节从需求内容和需求特点两个方面对军队抢险救灾应急物资需求进行分析。

2.3.1 军队抢险救灾应急物资需求内容

军队抢险救灾应急物资需求主要包括种类需求、数量需求、质量需求和组合需求四方面内容。

1. 种类需求

应急物资种类繁多，根据不同的分类标准，应急物资可分为不同的类别。在美国联邦紧急事态管理局（FEMA）公布的*Resource Management*（资源管理）（IS－703）中，应急物资分为物品（Supplies）、设备（Equipment）和设施（Facilities）三类。国家发展和改革委员会发布的《应急保障重点物资分类目录（2015年）》按用途将应急物资分为现场管理与保障、生命救援与生活救助、工程抢险与专业处置3大类、16中类、65小类，400余种工具、材料、装备、用品等物资。这些都是关于应急物资的广义分类。事实上，军队抢险救灾有其自身特点：一是军队抢险救灾参与处置的突发事件通常属于特别重大突发事件或重大突发事件，后勤保障的重点在于救灾部队，保障规模相对容易掌握；二是军队抢险救灾工作主要集中在灾后紧急救援阶段，任务是清除障碍、维护秩序、救援伤员等。这些特点决定了军队抢险救灾应急物资需求种类主要有三类：第一类是人员消耗物资，包括各种给养、被装、医药等；第二类是作业器材，包括小型作业工具、大型施工机械及必要的防护器材；第三类是装备消耗物资，包括油料、车材、机械备件等。虽然军队抢险救灾应急物资的需求种类主要为前述三类，但这只是一个总体分类，还需明确具体的需求种类（如品名、型号等）。通常，军队参加的抢险救灾行动类型主要包括：抗洪抢险、抗震救灾、灭火救援，以及重大疫情救援、冰雪灾害救援、台风灾害救援、空难救援和核、化、生事故救援。面对不同的灾害或事故，军队抢险救灾应急物资需求的种类也存在差异。如抗震救灾行动中，除了常规的医疗救生器材、生活保障性物资外，还涉及大量用于挖掘、救援的作业器材和设备；抗洪抢险行动对冲锋舟、救生圈等救生设备的需求较大。即使是在某次具体的抢险救灾行动中，由于救灾任务、被保障对象等的不同，应急物资需求的种类也可能不同。因此，在军队抢险救灾应急物资需求量预测过程中应具体明确需求的种类，以便增强后续应急物资调运的针对性和目的性，提高调运的效率。

2. 数量需求

抢险救灾行动过程中，除了明确应急物资种类外，还必须明确每种应急物资对应的需求数量。数量需求是指救灾行动中，为满足救灾任务的需要提出的应急物资数量要求，通常用具体的数值描述，如300顶帐篷等。由于军队参加抢险救灾具有较强的组织性，因此其对应急物资需求的数量通常与被保障对象的数量之间存在较强的相关性。

3. 质量需求

应急物资需求不仅有量的规定，而且还有质的要求。质量需求是指救灾行动中，为保障救灾任务的顺利进行，必须确保应急物资的使用性能良好，保持应急物资自身的理、化特性，避免因保管不善或装卸搬运不当导致应急物资破损变性，保证应急物资稳定可靠。

4. 组合需求

组合需求是指所需的多种应急物资之间存在一定的组合关系，多种应急物资只有成比例地组合使用才能发挥效果。如考虑救灾部队对方便食品的需求时，还应考虑食品与饮用水间的搭配关系，从而形成搭配用的饮用水的需求量。

2.3.2 军队抢险救灾应急物资需求特点

与普通物资需求相比，军队抢险救灾应急物资需求具有以下特点。

1. 需求的突发性

突发事件的一个显著特点就是突发性，其在很短时间内便会造成巨大的破坏或影响，且通常很难预见。部队参与救灾不可能携带全部所需物资，需要及时请领、配发，而救灾过程中的物资需求在很短时间由平时的正常需求转变为不正常需求，物资需求急剧膨胀，属于“脉冲式”“爆发式”需求，很容易造成物资短缺。当然，这种突发性并不是一成不变的，随着救灾活动的开展，应急物资需求就会快速明确，物资需求的数量也将趋于稳定。

2. 需求的不确定性

虽然救灾部队规模容易掌握，但突发事件发生后，通常无法用常规规则进行判断，信息严重不充分、不全面或不准确，很难在事前预估出全部可能的物资需求，即使得出了需求规模，也可能因为对受灾人员进行临时救灾，导致需求难以精确估算。因此，应急物资的需求具有一定的不确定性。

3. 需求的紧迫性

由于突发事件本身的特性，要求应急物资必须能在较短的应急时间内得到满足，在一定时限内才能充分发挥应急物资的使用价值；否则超过一定时限后，应急物资的使用价值将递减。不仅如此，突发事件可能造成的损失与应急物资能不能及时满足也存在一定的相关性，应急物资不能及时得到满足，可能延误救灾时机，扩大灾害影响范围、加重破坏程度。因此，为提升应急物资使用价值、降低灾害损失，需要将应急物资及时、准确地送达需求点。

4. 需求的多样性

军队参加的抢险救灾行动通常涉及面广，为保证救灾人员正常生活，需要提供足够数量的生活用品，涉及衣、食、住、行等多类应急物资；此外，为保证救灾行动的顺利进行，还需要提供足够数量的救灾装备、能源备件等应急物资。多种多样的应急物资才能确保救灾工作的有效开展。因此，军队抢险救灾应急物资需求具有多样性。

5. 需求的差异性

应急物资因自身使用属性的差异，会造成应急物资需求的差异。如给养物资通常属于一次性消耗物资，需要持续不间断保障；而如帐篷等可重复使用的累积物资，总数会随着供应量的增加而累加。因此，在预测应急物资需求时，应充分考虑应急物资的属性差异。

6. 需求的规模性

军队参加抢险救灾，通常涉及面广，参与救灾的人数较多，既要保障救灾部队需求，还得兼顾部分受灾人员的保障任务。这为应急物资的需求提出了较高要求，需要在短时间内为成规模的被保障对象提供足够数量的应急物资，否则容易造成救灾行动的迟滞甚至中断。

2.4　军队抢险救灾应急物资调运问题内涵

2.4.1　军队抢险救灾应急物资调运的地位与作用

应急物资调运是军队抢险救灾应急物流的重要组成部分，是将应急物资转化为救灾力量的桥梁，是决定应急物资、道路资源等应急资源使用效率和效益的关键性工作，具有十分重要的地位和作用。

1. 军队抢险救灾应急物资调运的地位

（1）军队抢险救灾应急物流的重要研究内容。

如2.2节所述，军队抢险救灾应急物流是一个涉及多层组织结构，包含诸多物流实体，具有协调难度大、保障任务重等特点的复杂系统工程，其包含的研究内容主要有：体系构建、组织指挥、应急物资采购、应急物资储备、应急物资调运。这些研究内容是军队抢险救灾应急物流建设和发展的重要组成部分，是促进军队抢险救灾应急物流高效运作的强力保证，缺一不可。

（2）军队抢险救灾行动持续进行的客观需要。

应急物资既可以保障救灾部队基本生活需要，还可以为救灾行动提供必需的作业器材，是形成救灾力量（人力和物力）的重要保证。然而，军队抢险救灾行动对应急物资的需求通常具有突发性、急迫性、规模性和多样性等特点，考虑到灾害持续的长时间性和灾害破坏的严重性，救灾部队携行或就近采购的应急物资只能满足救灾行动的短时间需求，很难满足抢险救灾不间断的长时间需求。因此，必须将后方物资源源不断地调运至救灾前线。

（3）军队抢险救灾后勤决策部门的经常性工作。

考虑到军队抢险救灾行动具有救灾地域广的特点，军队抢险救灾应急物流通常会布局多层次、多类型的物流实体（如后方仓库、供应商以及责任区保障中心等）。物流实体突发性的应急物资需求需要军队抢险救灾后勤决策部门频繁地进行调运决策，以统筹协调各点对应急物资的紧迫性需要。因此，调运工作是军队抢险救灾后勤决策部门必然经常面临的问题。

2. 军队抢险救灾应急物资调运的作用

应急物资调运对军队抢险救灾行动具有重要的作用，具体体现在以下三个方面。

（1）衔接军队抢险救灾应急物流各环节。

军队抢险救灾应急物流包括应急物资储备、采购、运输、消耗等多个环节，其中的调运工作是衔接应急物资采购、运输等环节的重要纽带，间接影响着应急物资的采购，直接关系着应急物资的运输。

（2）维持强大救援能力的重要保障。

只有将应急物资与救灾部队相结合，才能形成强大的救援能力。及时、高效、准确的应急物资调运是将物力转化为救援能力的关键，只有做好应急物资调运工作，救援能力的延续性才能得到强力保证。

（3）决定应急资源的使用效益。

抢险救灾行动中，除应急物资外，道路、运输工具等应急资源同样十分重要。然而，受灾害突发性、需求规模性的影响，上述应急资源并不十分充裕，常常出现资源紧缺的情况。调运工作直接关系着应急资源的使用情况，不当的调运方案势必会降低应急物资、运输工具的使用功效，给原本就比较紧张的道路资源增加负担。

2.4.2　军队抢险救灾应急物资调运的目标与原则

1. 军队抢险救灾应急物资调运的目标

军队抢险救灾应急物资调运的目标是：运用科学的理论和方法，在最短时间内尽可能高效地满足救灾部队和受灾人员的基本生活需要，并保障救灾部队的持续救灾能力，确保救灾行动的圆满完成。与平时的物资调运不同，军队抢险救灾应急物资调运强调的是时效性而非经济性（即具有弱经济性），及时高效的应急物资调运是加速救灾进程，最大限度地减少灾害损失的重要保证。当然，在保证应急响应时间最短的基础上，调运问题也必须重点关注应急物资需求的满足程度、运输工具的装载效率等目标。

2. 军队抢险救灾应急物资调运的原则

（1）及时性原则。

军队抢险救灾应急物资调运的目的在于响应应急物资需求，其最大的特征体现在“应急”上，对响应时间要求较高。不及时的调运不仅会影响救灾部队和受灾人员的基本生活需要，而且会严重制约救灾能力的可持续性，进而阻碍救灾进程，导致灾害损失加重。因此，军队抢险救灾应急物资调运必须注重及时性，从获取保障实力信息、调运方案制订到需求的最终满足，都必须尽可能地压缩响应时间。

（2）科学性原则。

军队抢险救灾应急物资调运包括一系列复杂的决策活动，有其内在的客观规律。因此，调运工作必须遵循其中的规律，以科学的手段准确获取调运所需信息，为决策方案的形成提供可靠的信息，并灵活运用运筹学、最优化理论等基础理论，增强决策的针对性和指导性，促使其向反映规律、预测未来、辅助决策的方向发展和演化，提出科学、可靠的决策建议。

（3）优化性原则。

救灾过程中，应急物资紧缺与急需的矛盾经常存在。如何最大限度地发挥应急物资的应用价值，是军队抢险救灾应急物资调运工作中必须解决的难题。随意、盲目的应急物资调运尽管可以暂时性地缓解供需压力，但不利于应急物资最大效益的提升。在调运工作中，有意识地坚持优化性原则有助于将应急物资配置到需求最紧急的地方。

（4）灵活性原则。

受大量不确定因素的影响，抢险救灾应急条件下诸多紧急情况、特殊情况和前所未有的情况层出不穷。为应对各类突发情况提出的应急物资需求，军队抢险救灾应急物资调运应打破常规，对相关制度规定、程序和方法进行灵活处理，以满足救灾进程的持续进行。比如，当战备物资有利于救灾进程时，可以按照边付诸行动、边请示报告的程序进行调运；对于常规运输方式无法进行应急物资保障的情况，可果断动用立体运输工具。

2.4.3 军队抢险救灾应急物资调运的复杂性

尽管应急物资调运只是军队抢险救灾应急物流运作过程中的其中一项工作，但由于调运问题面临的情况较多、信息实时性要求较高，使得军队抢险救灾应急物资调运具有一定的复杂性，具体表现在决策目标、约束条件和组织实施三个方面。

1. 决策目标

在抢险救灾应急条件下，尽管时效性是军队抢险救灾应急物资调运优先考虑的目标，但由于应急物资的有限性，常常不得不引入公平性、效率性等方面的目标进行综合决策。如多个需求点同时提出需求，但现有的应急物资不能满足所有需求，此时便需要考虑应急物资调运的公平性。诸如此类，多个决策目标的引入将增加调运问题求解的难度，而且多个目标间通常还存在相互制约、相互冲突的关系，需要进行目标权衡，使得调运问题较为复杂。

2. 约束条件

受救灾行动突发性、资源使用高频性等因素的影响，军队抢险救灾应急物资调运会经常性地面临应急物资储备量、运输能力等多种约束，并且其中部分约束还属于非线性约束，势必会增加调运问题的解决难度。具体表现为约束的存在，尤其是大量非线性约束的存在，使得决策方案的可行域空间受到压缩，甚至被分割，这使得问题的求解较为复杂。

3. 组织实施

军队抢险救灾应急物资调运组织实施过程中，各种信息获取难、获取不及时的情况时有发生，面临的调运实际问题也不尽相同，很难找到一种通用的解决办法或手段。信息滞后、情况多变使得对应急物资调运问题的应对较为复杂。此外，调运过程中不同环节的诸多不确定性因素还使得环境条件复杂多变。

2.4.4 军队抢险救灾应急物资调运的决策过程

军队抢险救灾应急物资调运涉及一系列决策过程，需回答调运什么样的应急物资、调运多少应急物资以及如何调运所需应急物资等多个问题，其决策过程如图 2－2 所示。

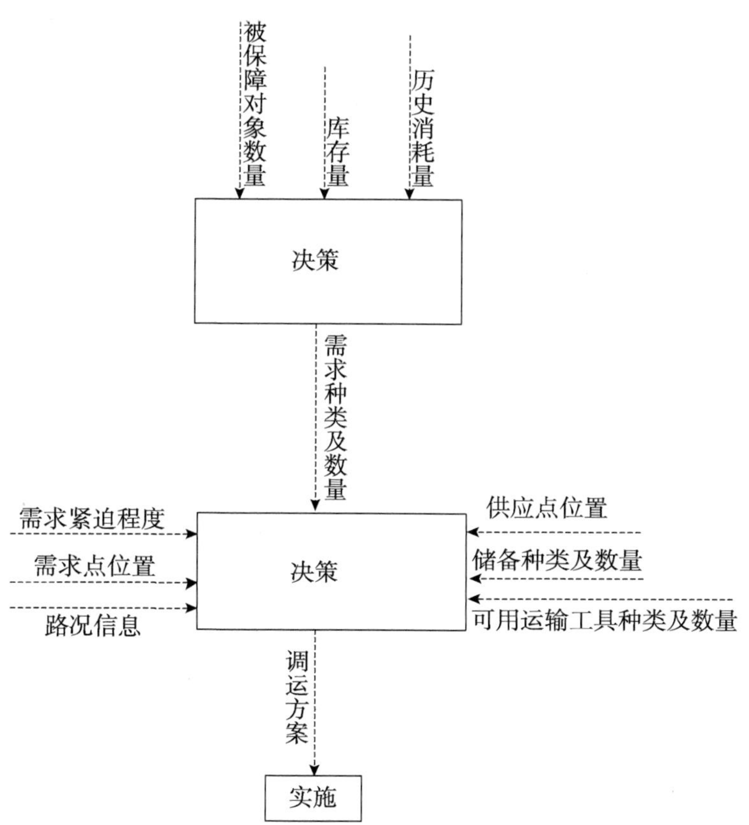

图 2－2 军队抢险救灾应急物资调运的决策过程

由图 2－2 可知，军队抢险救灾应急物资调运的决策过程包括两个步骤：一是，军队抢险救灾应急物流实体根据一些基础信息（被保障对象数量、库存量以及历史消耗量等），决定应急物资的需求种类和数量；二是，军队抢险救灾应急物流实体针对需求信息（需求点位置、需求种类及数量、需求紧迫程度等），综合供应信息（供应点位置、储备种类及数量、可用运输工具种类及数量等）、路况信息（供应点与需求点之间的可用路径及其对应的行驶时间等），分析得出备选供应点，并决策得到供应点的运输方案。军队抢险救灾应急物流实体、应急物资和相关信息共同组成了军队抢险救灾应急物资调运决策过程的基本要素。值得一提的是，上述两步不一定由同一个军队抢险救灾应急物流实体完成，如责任区保障中心根据责任区内的基础信息得出需求种类和数量，责任区保障中心将需求信息传递给联合保障部，由联合保障部来完成方案的制订。

在图 2 －2 所示的过程中，决策起着至关重要的作用，是信息转化为行动方案的桥梁。作为管理科学的核心，决策有广义和狭义之分。狭义的决策是指从若干可能的方案中，按照某种准则选择一个，这个方案可以是最优、满意、合理的；广义的决策等同于决策分析，是人们为了达到某个目标，从一些可能的方案中进行选择的分析过程，是对影响决策的诸多因素做出逻辑判断、权衡，包含了从对一个问题解决的要求（明确问题、确立目标）开始，经过分析（了解情况、制订可能的方案、分析各方案优劣），到做出行动决定的全过程。根据不同的分类标准，可将决策分为经验决策与科学决策、最优化决策与满意化决策、单目标决策与多目标决策以及确定性决策与不确定性决策、模糊决策与风险性决策等。

从我军抢险救灾应急物资调运实践来看，我军各级后勤部门的决策者主要还是依据经验、知识和胆略等个人素质进行经验决策。分析其中的原因，可归纳为两点：一是，决策者已经习惯了传统的经验决策，缺乏科学决策的理念；二是，决策理论与方法的实用性有待进一步提升，用于解决实际问题的可操作性不强。事实上，在抢险救灾应急条件下，决策者经常面临大量的动态信息、复杂的供需矛盾、难以预料的意外情况，这使得经验决策难以适应军队抢险救灾应急物资调运的客观需要，具体表现为：经验决策的主观性很容易造成需求判断的随意性，进而可能形成资源过剩或不足；经验决策的局限性很容易造成应急物资使用的失衡。因此，为统筹使用应急物资，最大限度地发挥应急物资的使用效率和效益，需借助科学的决策理论和方法，建立符合实际需要的优化模型，实现应急物资调运手段与方法的科学化、现代化与智能化。

2.5 军队抢险救灾应急物资调运关键问题

任何一个问题都应该有其科学的解决思路和流程，流程中涉及的每个步骤都有特定的含义，各步骤间紧密衔接。军队抢险救灾应急物资调运问题的解决流程是：首先，预测各项需求量；其次，制订调运方案；最后，对于调运实现过程中所需的各类信息，提供调运决策支持。上述流程中，需求量预测环节是前提，调运方案制订环节是核心，调运决策支持环节是纽带，贯穿调运问题求解过程始终，一方面为需求量的预测和调运方案的制订提供必要的基础信息，另一方面为调运决策提供辅助支持。三者之间的关系如图 2 －3 所示。三个环节相互依赖、相互支持，缺一不可。缺少需求量预测环节，调运问题的解决缺乏目的性；缺少调运方案制订环节，调运问题的解决缺乏可操作性；缺少调运决策支持环节，调运问题的解决缺乏可靠性。

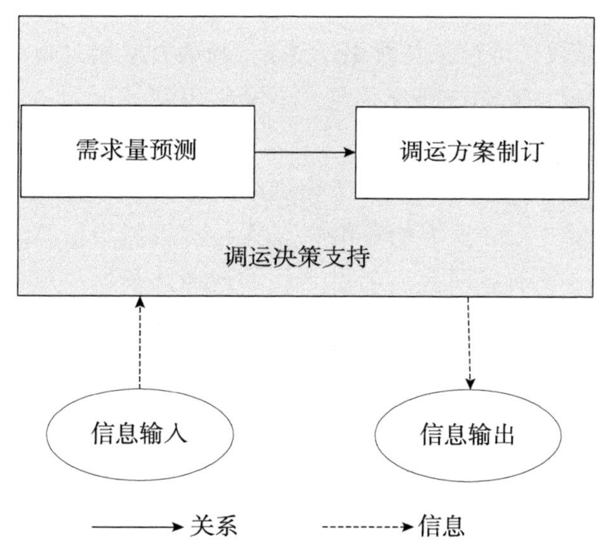

图 2 －3 军队抢险救灾应急物资调运关键问题之间的关系

因此，需求量预测、调运方案制订和调运决策支持是构成军队抢险救灾应急物资调运的三个关键问题。

1. 需求量预测

需求量预测是军队抢险救灾应急物资调运的首要问题，是调运方案制订的前提，主要以相关信息（被保障对象的数量、剩余库存量、历史消耗量等）为依据，通过合理的方法预测得到拟调运应急物资的种类和数量。需求量预测过程中，所需相关信息可以通过调运决策支持部分获取，相关的预测方法成为其实现的关键。尽管定性预测法可以为救灾早期和临时性的应急物资需求进行预测，但由于其预测的客观性和准确性难以保证，还需结合定量预测法。事实上，抢险救灾行动中的绝大多数应急物资，其需求量与被保障对象的数量间存在较强的相关性，这为定量预测法的研究提供了可能。鉴于此，本书第 3 章将在现有成果基础上，综合采用定性预测法和定量预测法预测需求量的军队抢险救灾应急物资需求预测理论，针对现有不足提出更具实用性的定量预测方法，克服定性预测方法带来的经验式判断的不足。

2. 调运方案制订

调运方案制订是军队抢险救灾应急物资调运问题得以解决的核心内容，主要以相关信息（路况信息、储备量信息、运输能力信息等）为依据，根据不同情况以相应的理论和方法为指导，制订执行调运任务所需的相关计划（运输量、运输路线、运输工具使用量等）。调运方案制订过程中，所需相关信息主要通过调运决策支持部分获取，不同应用背景下的调运决策模型和算法是制订调运方案的关键。

在上文提出的军队抢险救灾应急物流组织结构中，各级物流实体（如需求点、责任区保障中心、后方物资供应点等）都可以根据其地理位置在地图上抽象为一个点，所有点以及点与点之间的连通路径便组成了军队抢险救灾应急物资调运网络。实践中，点与点之间的供需关系会根据需要组合变化。按照供应点与需求点之间的不同组合关系，军队抢险救灾应急物资调运从理论上大致可分为以下五种组合情形：一是，单供应点、单需求点应急物资调运；二是，多供应点、单需求点应急物资调运；三是，多供应点、多需求点应急物资调运；四是，单供应点、多需求点应急物资调运；五是，由供应点、中转站、需求点等多个点构成的多级网络应急物资调运。上述五种情形还可根据应急物资、运输工具的种类再具体划分。从实践来看，前四种情形更为常见，而第五种情形相对较少。此外，第一种情形最简单，第二、第三和第四三种情形因考虑的约束更多，相对较复杂，正是成为当前研究热点的主要原因。尽管国内外目前针对上述几种情形进行了阶段性研究，但现有研究还存在一些不足（具体参见第 1 章综述部分）。鉴于此，考虑到研究时间和精力的限制，本书将多供应点、单需求点应急物资调运和多供应点、多需求点应急物资调运这两种情形作为研究内容，将在第 4 章和第 5 章分别研究与之相应的决策模型和算法。

3. 调运决策支持

调运决策支持是军队抢险救灾应急物资调运问题得以解决的重要信息支撑，其一方面与各物流实体进行信息交互，为需求量预测和调运方案制订提供实时的相关信息；另一方面以数据库、知识库、模型库和方法库等为基础，根据提出的理论和方法为调运问题的解决提供辅助决策支持。近年来，随着我军军事物流信息化建设的不断推进，各种应用系统正在抓紧建设，这为军队抢险救灾应急物资调运决策支持系统的研发奠定了基础。为给军队抢险救灾应急物资调运决策支持系统的开发提供理论支撑，本书结合我军军事物流建设实际，应用 MAS 理论构建军队抢险救灾应急物资调运决策支持系统架构模型，相关研究将在本书第 6 章展开。

2.6 本章小结

本章主要探讨了军队抢险救灾应急物资调运问题的基础理论，为后续研究奠定了基础。阐述了军队抢险救灾应急物资调运问题涉及的相关概念；论述了军队抢险救灾应急物流运作模式的创新策略，为本书研究内容奠定了应用背景基础；归纳了军队抢险救灾应急物资需求的内容及特点，概述了军队抢险救灾应急物资调运问题的内涵，厘清了军队抢险救灾应急物资调运的地位、作用、目标和原则，分析了军队抢险救灾应急物资调运的复杂性，总结了军队抢险救灾应急物资调运的决策过程；提炼了军队抢险救灾应急物资调运的三个关键问题，即需求量预测、调运方案制订和调运决策支持，并具体分析了每个关键问题有待深入研究的内容，为后文的深入展开做铺垫。

3　军队抢险救灾应急物资需求量预测

由第 2 章的分析可知，需求量的预测是军队抢险救灾应急物资调运方案制订的前提和依据。因此，如何选择合适的预测方法、构建有效的预测模型是本章研究的重点。在以往的救灾行动中，主要依据经验的定性预测法是军队抢险救灾后勤部门用以预测应急物资需求量的主要方法。这种方法尽管可以为历史数据缺乏、不确定性因素较多条件下的应急物资需求量预测提供简单、可行的手段，但受主观性因素的影响，容易造成后续救援物资相对过剩或不足，难以保证预测的准确性。为了提高军队抢险救灾应急物资需求量预测的客观性和准确性，本章按照定性预测和定量预测相结合的思路研究军队抢险救灾应急物资需求预测理论和方法，在对军队抢险救灾应急物资需求量预测问题分析的基础上，设计需求预测的流程，并根据现有分步式预测模型研究的不足，考虑救灾过程中提前期和需求的随机性，用安全库存理论来缓冲救灾过程中的诸多不确定性因素，提出更具实用性的需求预测模型，作为应急物资需求量预测的重要依据。

3.1　问题分析

根据第 2 章提出的军队抢险救灾应急物流组织结构，结合抢险救灾应急物流运作的实际情况，可将军队抢险救灾应急物流各实体之间的布局关系表示为图 3 -1 所示的情形。由图 3 -1 可知，在军队抢险救灾应急物流组织结构体系中，位于灾区外围的物流实体（如后方仓库、供应商等）是应急物资的主要供应源，而位于灾区范围内的物流实体（中转配送中心、后方仓库、责任区保障中心）兼具供应点和需求点的双重身份。灾区外围物流实体通常将应急物资运输至灾区范围内的中转配送中心、后方仓库等大型集散地，便于为灾区范围内的救灾部队、伤员提供保障。正常情况下，中转配送中心、后方仓库、责任区保障中心、需求点按照组织关系进行层级保障。

分析图3－1中各物流实体的供需“身份”以及应急物资的流向可知，在军队抢险救灾应急物流运作过程中，灾区范围内的中转配送中心、后方仓库、责任区保障中心和需求点等物流实体需要经常性地对其应急物资需求量进行预测，以便及时将需求量上报至上级决策部门，由上级决策部门通过调运实现应急物资的有效补充。

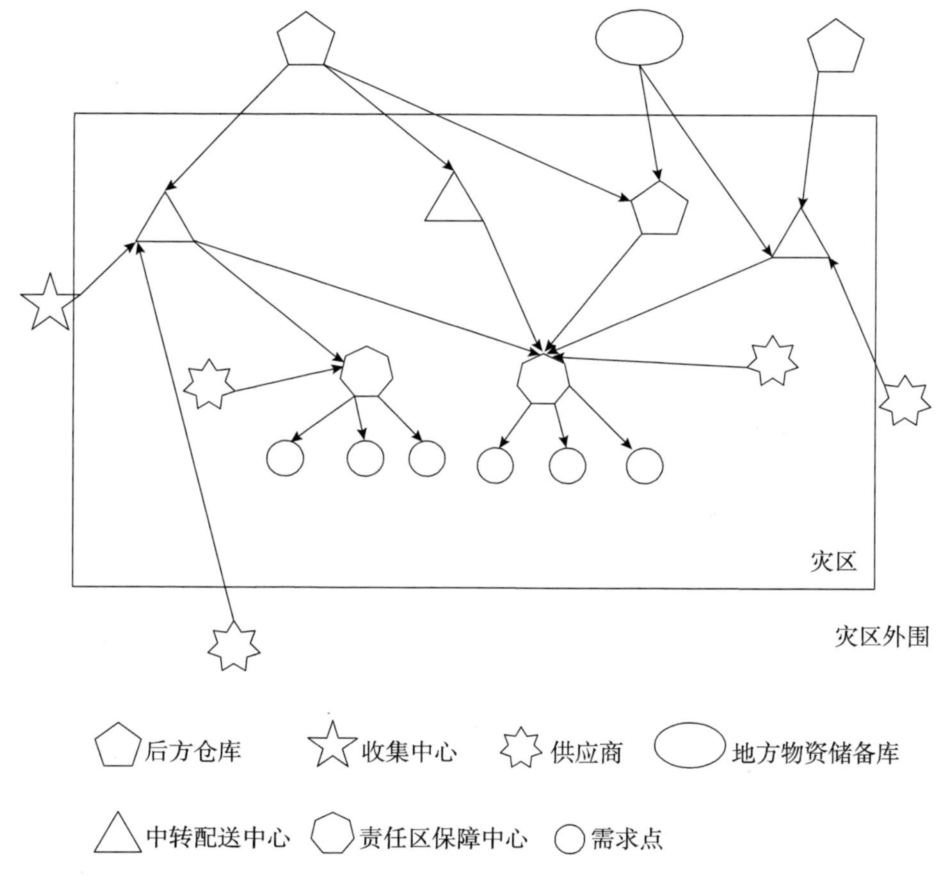

图3－1　军队抢险救灾应急物流实体布局示意

需求量预测是指根据应急物资的库存量、消耗量以及可能面临的保障任务等信息预计未来一段时间应该拥有的应急物资量，避免发生物资断供的情况。从本质上讲，需求量预测就是对应急物资需求量进行估算。根据不同的研究层次和需求对象，可将需求预测分为需求总量预测和需求动态预测，尽管总量预测也有一定的参考价值，但考虑到军队抢险救灾过程中存在诸多不确定性因素以及前述拟进行需求量预测的主要物流实体的现实需要，本章重点关注需求的动态预测。

目前，军队抢险救灾各级后勤部门在预测应急物资需求量时，主要还是以经验预测为主。尽管经验预测在特定场合是可行且必要的，但贯穿始终的经验预测容易受主观性因素的影响，造成需求的不合理。事实上，军队抢险救灾行动中的绝大部分应急物资都有如下两个特点：一是应急物资的需求量与被保障对象的数量存在较大的相关性；二是应急物资的需求具有一定的连续性，甚至具有周期性。因此，军队抢险救灾应急物资需求量的预测有一定的规律可循。鉴于此，为提高军队抢险救灾应急物资需求量预测的客观性和准确性，有必要借助科学的预测方法对军队抢险救灾应急物资需求预测展开深入研究。

3.2 预测流程

如1.2.2节所述，定性预测和定量预测都有其各自的适用范围。为充分发挥定性预测和定量预测的互补优势，本章按照定性和定量相结合的思路设计出如图3－2所示的军队抢险救灾应急物资需求预测流程，该流程包括确定预测目标、收集相关信息、选择预测方法、实施需求预测和输出预测需求量五个步骤。每个步骤具体说明如下。

1. 确定预测目标

在进行需求预测前，必须首先明确待预测应急物资的种类（型号）、预测时限要求（即预计多长时间的应急物资需求量）等内容，以便为后续预测步骤的展开提供针对性的指导。

2. 收集相关信息

根据预测目标明确的内容，收集需求预测所需的相关信息，包括被保障对象的数量、剩余库存量、历史消耗量、历史到货量以及历次应急响应时间等。

3. 选择预测方法

将收集到的历史数据作为样本数据，根据样本数据的充分程度选择定性或定量预测方法。实践中，对于救灾行动初期和临时性（突发性）的应急物资需求，可采取定性预测方法进行预测；对于救灾行动中经常性、周期性的应急物资需求，当具备一定数量的历史数据后，可采取定量预测方法进行

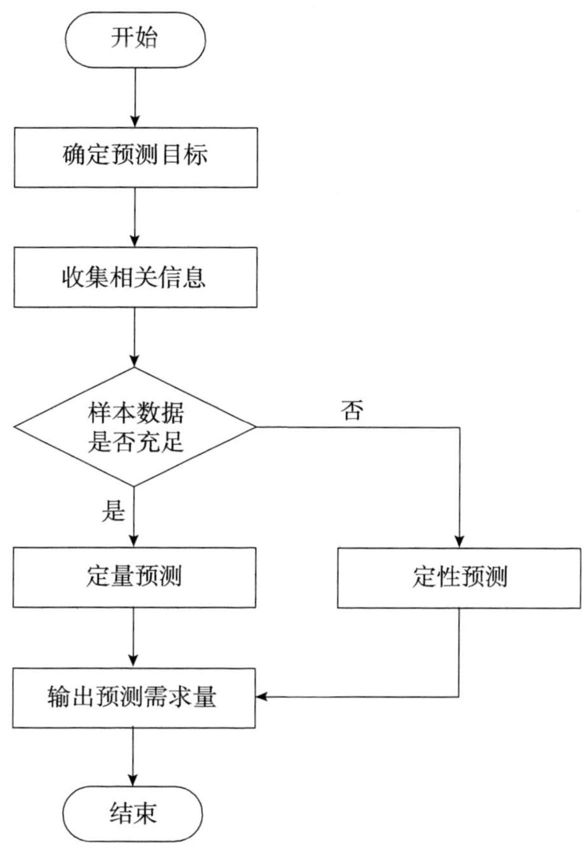

图 3－2　军队抢险救灾应急物资需求预测流程

预测。

4. 实施需求预测

根据选择的预测方法对应急物资的需求量进行预测。定性预测主要依赖预测人员的知识和经验进行判断，是目前军队抢险救灾应急物资需求量预测的主流做法；与定性预测不同，定量预测主要依靠根据相应理论构建的数学模型，利用历史数据进行预测，核心在于合理的预测模型，其实现较为复杂、理论要求较高。为满足军队抢险救灾应急物资定量需求预测需要，本章 3. 3 节针对性地提出预测模型。

5. 输出预测需求量

输出最终的应急物资预测需求量。

3.3 预测模型

如前文所述，灰色系统模型和分步式模型均能进行需求动态预测。然而，两者的原理却不尽相同，前者主要依据需求数据的走势进行需求预测，而后者主要以被保障对象的数量为依据进行预测。考虑到军队抢险救灾行动中绝大多数应急物资的需求量与被保障对象的数量存在较大的相关性，本章延续分步式模型的思路研究所需的预测模型。

在现有分步式模型中，伤亡人数估算是众多学者研究的重点，而安全库存理论中的提前期（应急物资申请至到货的间隔时间）却被简单地考虑为常数。事实上，受应急物资筹措能力、交通运输能力及道路条件等诸多不确定性因素的影响，实践中提前期通常为随机变量。为提高模型的实用性，下文以分步式模型为基础，同时考虑救灾过程中提前期和需求的随机性，用安全库存理论缓冲救灾过程中的诸多不确定性因素，提出军队抢险救灾应急物资需求预测模型，并给出算例验证预测模型的有效性。

3.3.1 问题描述

如前文所述，需求预测是灾区内各级物流实体（需求点、责任区保障中心、中转配送中心）的一项经常性工作，是制订调运方案的前提。应急物资从需求申请到货物运达需要一段时间（即提前期），受道路运输条件、交通运输能力、应急物资筹措能力、保障任务频繁转换等诸多不确定因素的影响，提前期以及应急物资需求通常具有随机性。本节研究的是某时刻，上述物流实体根据所划分的被保障对象数量，参照应急物资的需求标准，依据历史消耗量、历史到货量、剩余库存量等信息，同时考虑需求和提前期的随机性，实时预测未来一段时间内应急物资的需求量，如帐篷、睡袋、衣物、消炎药、铁锹、手套等，使得未来一段时间内应急物资的保障满足给定的服务水平（指所供应的应急物资满足上述物流实体需求的概率）。

为区别对待不同使用特性的应急物资，将研究的应急物资分为连续消耗性应急物资和非消耗性应急物资。连续消耗性应急物资是指人们每天耗用的物资，包括食物、药品等，这类应急物资的需求量不仅与被保障对象数量有关，而且还与设定的预测时限长短有关；非消耗性应急物资是指可以长期使用的物资，包括帐篷等，这类应急物资的需求量只与被保障对象数量有关。

因此，两类应急物资对应不同的需求预测模型。

模型建立前作如下假设。

（1）各时刻，拟进行需求预测的物流实体可及时获取其保障的规模。

（2）各类应急物资的需求标准已知。

（3）提前期服从正态分布，且应急物资需求也服从正态分布。

3.3.2 模型构建

1. 定义变量

$P = \{i \mid i = 1,2,\cdots,I\}$：被保障对象类型序号集，共 I 类被保障对象。

$O = \{O_i \mid i \in P\}$：被保障对象集合，包括救灾部队、伤员以及对接保障关系的待救济群众和社会团体等。

$S = \{j \mid j = 1,2,\cdots,J\}$：应急物资种类序号集，共 J 种应急物资。

$Q = \{Q_j \mid j \in S\}$：应急物资集合，Q_j 表示第 j 种应急物资。

R_1：连续消耗性应急物资集合，$R_1 \subset Q$。

R_2：非消耗性应急物资集合，$R_2 \subset Q$。

$k = 1,2,\cdots,K$：受灾时间序列，记救灾行动开始时刻为1，以固定时间周期 Δt（如1小时、4小时、1天等）计时。

m：辅助变量，与 k 共同使用，用于表示不同的受灾时间序列，m 为整数。

$c_i(k)$：k 时刻第 i 类被保障对象的数量。

a_{ij}：第 i 类被保障对象对第 j 类应急物资的需求标准，如帐篷0.25顶/人，压缩干粮80克/人·小时等。

$T(k)$：k 时刻设定的预测时限，即 k 时刻拟进行预测的时间跨度。

$L(k)$：k 时刻提前期均值。

$\sigma_L(k)$：k 时刻提前期标准差。

α：服务水平。

Z_α：服务水平为 α 条件下的服务水平系数，即服务水平 α 对应的分位数。

$d_j(k)$：k 时刻第 j 类应急物资需求均值。

$\sigma_j(k)$：k 时刻第 j 类应急物资需求标准差。

$A_j(k)$：k 时刻第 j 类应急物资的剩余库存量。

$B_j(k)$：时间段 $[(k-1)\cdot\Delta t, k\cdot\Delta t]$ 内，第 j 类应急物资的到货量。

$D_j(k)$：k 时刻第 j 类应急物资预测需求量。

2. 数学模型

根据安全库存理论，可对任意时刻进行需求预测，预测模型表示为式(3-1)至式（3-7）。

$$d_j(k)=\sum_{i\in P}c_i(k)\cdot a_{ij} \tag{3-1}$$

$$D_j(k)=\begin{cases}\max[d_j(k)\cdot T(k)+SS_L+SS_{T-L}-A_j(k),0] & T(k)>L(k)\text{ 且 }Q_j\in R_1\\ \max[d_j(k)\cdot L(k)+SS_L-A_j(k),0] & T(k)\leqslant L(k)\text{ 且 }Q_j\in R_1\\ \max[d_j(k)-A_j(k),0] & Q_j\in R_2\end{cases} \tag{3-2}$$

$$SS_L=Z_\alpha\cdot\sqrt{\sigma_j^2(k)\cdot L(k)+\sigma_L^2(k)\cdot d_j^2(k)} \tag{3-3}$$

$$SS_{T-L}=Z_\alpha\cdot\sqrt{\sigma_j^2(k)\cdot[T(k)-L(k)]} \tag{3-4}$$

$$\sigma_L(k)=\sqrt{\frac{\sum_{m=0}^{k-1}[L(k-m)-\bar{L}(k)]^2}{k}} \tag{3-5}$$

$$\bar{L}(k)=\frac{\sum_{m=0}^{k-1}L(k-m)}{k} \tag{3-6}$$

$$\sigma_j(k)=\sqrt{\frac{\sum_{m=0}^{k-2}\left[\frac{A_j(k-m)-A_j(k-m-1)-B_j(k-m)}{\Delta t}-d_j(k-m-1)\right]^2}{k-1}}\quad Q_j\in R_1 \tag{3-7}$$

式（3-1）中，$d_j(k)$ 由被保障对象的数量和需求标准共同决定，值得一提的是，$d_j(k)$ 对两类应急物资所表达的含义是不同的，对于连续消耗性应急物资表示单位时间需求量；而对于非消耗性应急物资直接表示需求量，无时间因素，这是由需求标准的单位决定的。

式（3-2）中，对于连续消耗性应急物资，应急物资的预测需求量与设定的预测时限、提前期密切相关。当 $T(k)>L(k)$ 时，即设定的预测时限大于提前期，预测需求量不仅要考虑预测时限内的平均需求 $d_j(k)\cdot T(k)$（表示设定预测时限内第 j 类应急物资的需求期望），而且还应设置安全库存缓冲提前期和 $T(k)-L(k)$ 两个时段内的不确定性因素。提前期时段内，由于提前期和需求均随机，因此其安全库存为 $SS_L=Z_\alpha\cdot\sqrt{\sigma_j^2(k)\cdot L(k)+\sigma_L^2(k)\cdot d_j^2(k)}$（表示在设定的服务水平 α 条件下应拥有的安全库存量，主要用于缓冲提前期的不确定性以及提前期内需求的波动性）；$T(k)-L(k)$ 时段内，由于只存在需求随机，因此安全库存为 $SS_{T-L}=Z_{\alpha}\cdot\sqrt{\sigma_j^2(k)\cdot[T(k)-L(k)]}$ [表示在设定的服务水平 α 条件下应拥有的安全库存量，主要用于缓冲 $T(k)-L(k)$ 时段内需求的波动性]。当 $T(k)\leqslant L(k)$ 时，即设定的预测时限不大于提前期，预测需求量必须以提前期为限，既考虑提前期内的平均需求 $d_j(k)\cdot L(k)$，又考虑提前期内的安全库存 SS_L。之所以当 $T(k)\leqslant L(k)$ 时预测需求量应以提前期为限，是因为此时以 $T(k)$ 为限预测得到的需求量很可能存在需求短缺。式（3－2）中 $A_j(k)$ 及最大值函数用于计算得到实际需求量，当剩余库存量足够大时，预测需求量为0；反之，需求量应为超出剩余库存量部分。对于非消耗性物资，其预测需求量与提前期和设定的预测时限无关。$A_j(k)$ 为实际数据，可通过库存盘点实时获取各类应急物资的剩余库存量。

式（3－5）中，$\sigma_L(k)$ 表示 k 时刻以前的 k 个提前期的统计标准差。式（3－6）中，$\bar{L}(k)$ 表示 k 时刻以前 k 个提前期的统计均值。式（3－2）至式（3－6）中的参数 $L(k)$ 可根据 k 时刻以前各批次应急物资的实际到货时间估算得到。

式（3－7）中，$\sigma_j(k)$ 由 k 时刻前 $k-1$ 个时间周期内的需求波动情况间接计算求得，表达式 $A_j(k-m)-A_j(k-m-1)-B_j(k-m)$ 表示 $[(k-m-1)\cdot\Delta t,(k-m)\cdot\Delta t]$ 时段内第 j 类应急物资的实际消耗量，对于连续消耗性应急物资，因 $d_j(k-m-1)$ 表示 $[(k-m-1)\cdot\Delta t,(k-m)\cdot\Delta t]$ 时段内的单位时间需求量，因此式（3－7）中存在单位换算。

由式（3－5）至式（3－7）可知，本节提出的需求预测模型需要较为充足的历史数据才能保证预测的合理性和准确性，这正是本章提出将定性预测和定量预测相结合实现应急物资需求预测的原因所在。在救灾行动开始初期一段时间内，应用定性预测法既可以有效地预测需求量，又可以为后续定量预测的展开积累所需数据。

3.3.3 算例分析

在××特大地震灾害中，军队作为主要力量参加了抢险救灾行动，并在受灾地域开设了多个责任保障中心实施划区保障。其中，第1责任区因受灾较为严重，分布着大量的救灾部队、伤员及受灾人员。为实现对该区域内各类被保障对象的应急物资保障，×联勤保障中心快速抽组保障力量以野战兵站的形式在×地开设了责任区保障中心，负责第 1 责任区内的应急物资保障。为合理地确定应急物资需求量，责任区保障中心现需要对第 1 责任区内所需的多类应急物资进行需求预测。

记救灾开始时刻为 1，由此开始以 6 个小时为单位计时。由于救灾行动初期相关历史数据比较匮乏，设救灾行动前 2 天主要采用定性预测估算应急物资的需求量，2 天后已通过频繁的应急物资调运活动积累获得相关历史数据，现从 $k=9$ 开始对未来 5 天内的应急物资需求预测数据进行分析。假设责任区内共有 3 类被保障对象，包括伤员、救灾部队以及受灾人员，所需的应急物资包括帐篷、压缩干粮、瓶装水和消炎药 4 种。参数 a_{ij} 取值如表 3－1 所示，对应的计量单位分别为：顶/人、克/人·小时、毫升/人·小时、毫克/人·小时。参数 α 、Z_α 以及 Δt 的取值分别为 95%、1.65（该数值为正态分布表中 $\alpha=95\%$ 对应的分位数）和 6 小时。本算例需求量预测仿真程序详见附录一。

表 3－1　　不同类型的被保障对象对不同应急物资的需求标准

a_{ij}	帐篷	压缩干粮	瓶装水	消炎药
伤员	0.25	30	160	75
救灾部队	0.25	80	180	0
受灾人员	0.25	50	160	0

算例中，不同救援时序下的各类被保障对象的数量变化情况如图 3－3 所示。图 3－3 客观地反映了各类被保障对象在救灾过程中的变化趋势，如伤员人数和被保障对象总数呈现出不同程度的波动性，救灾部队人数具有快速增加至饱和状态的趋势，而受灾人员数具有数量大且持续时间较长的特点。各时刻提前期均值如图 3－4 所示，受道路运输能力等因素的影响，提前期在救灾行动前期较长，当 $k=16$ 时提前期达到最大，随着灾情的缓解、道路修复，提前期逐步缩短并趋于稳定。各时刻设置的预测时限均为 6 小时，即 $T(k)=6$。各时刻 4 种应急物资的到货量和剩余库存量如图 3－5所示，由于帐篷属于非消耗性物资，因此库存量是到货量的累加，而其他三类应急物资不停地被消耗且消耗量存在波动性，因此库存量同样存在不规律的波动。

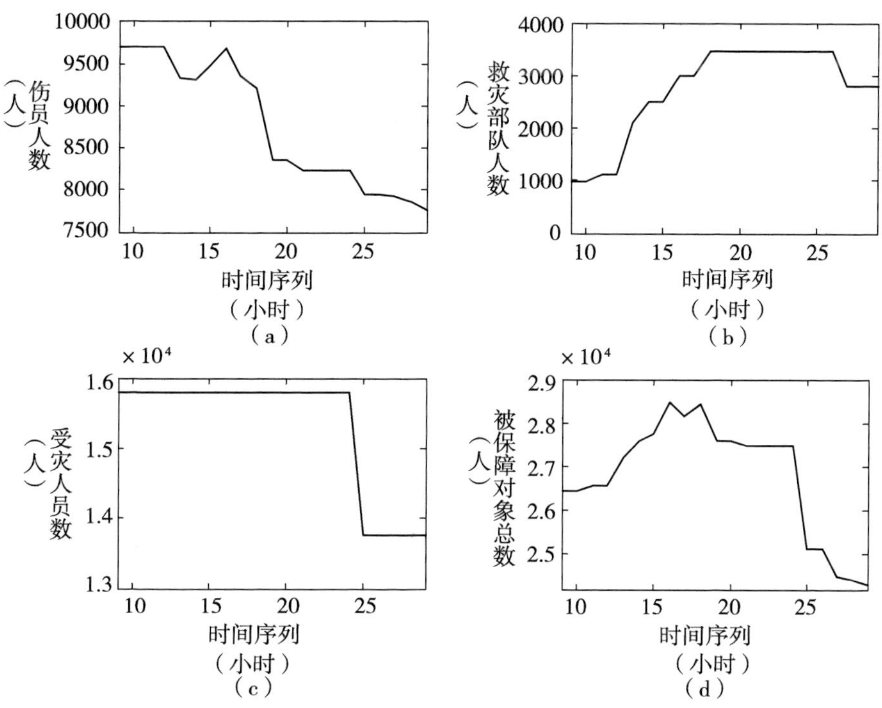

图3－3 不同时间序列下的各类被保障对象的数量

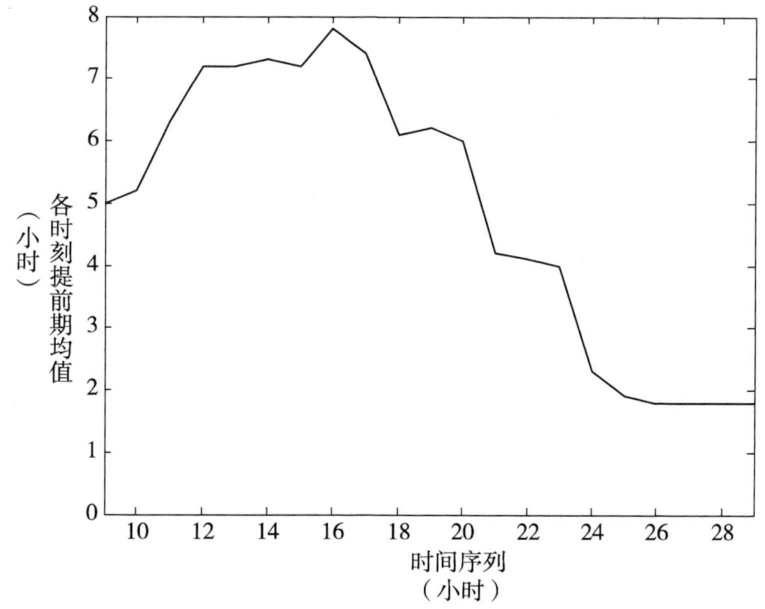

图3－4 不同时间序列下提前期均值

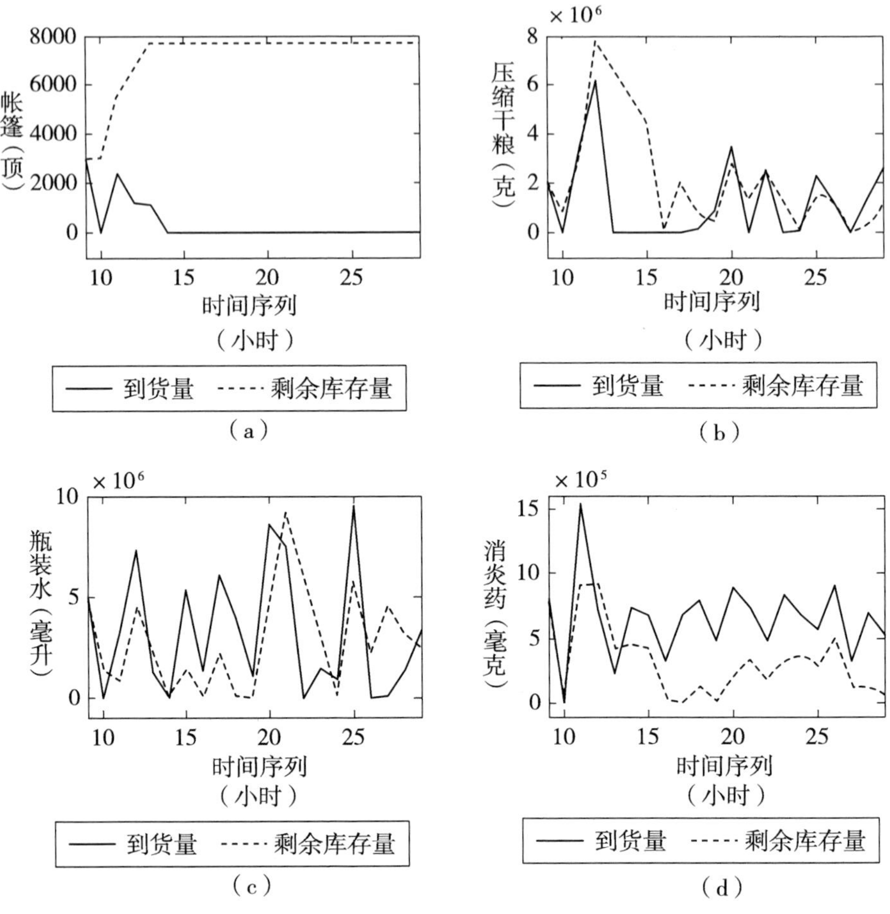

图 3-5　不同时间序列下 4 种应急物资的到货量和剩余库存量

应用本节提出的应急物资需求预测模型对算例进行预测，得到各时间序列下的需求预测值如图 3-6 所示。由图 3-6（a）可知，对于非消耗性应急物资帐篷，由于其需求量与提前期等时间因素无关，只要所有被保障对象对该类应急物资的需求不超过该类应急物资的剩余库存量，其需求量将为 0；由图 3-6（b）至图 3-6（d）可知，同属连续消耗性应急物资的 3 类应急物资的需求量预测值变化趋势与图 3-3（d）中被保障对象总数的变化趋势基本一致，客观地反映了需求量与被保障对象总数的正相关关系。特别地，图 3-3（d）中被保障对象总数在 $k=16$ 达到最大，而图 3-6（b）至图 3-6（d）中需求量的预测值也在 $k=16$ 时出现峰值，表明需求量的预测值较好地体现了被保障对象总数的变化情况。

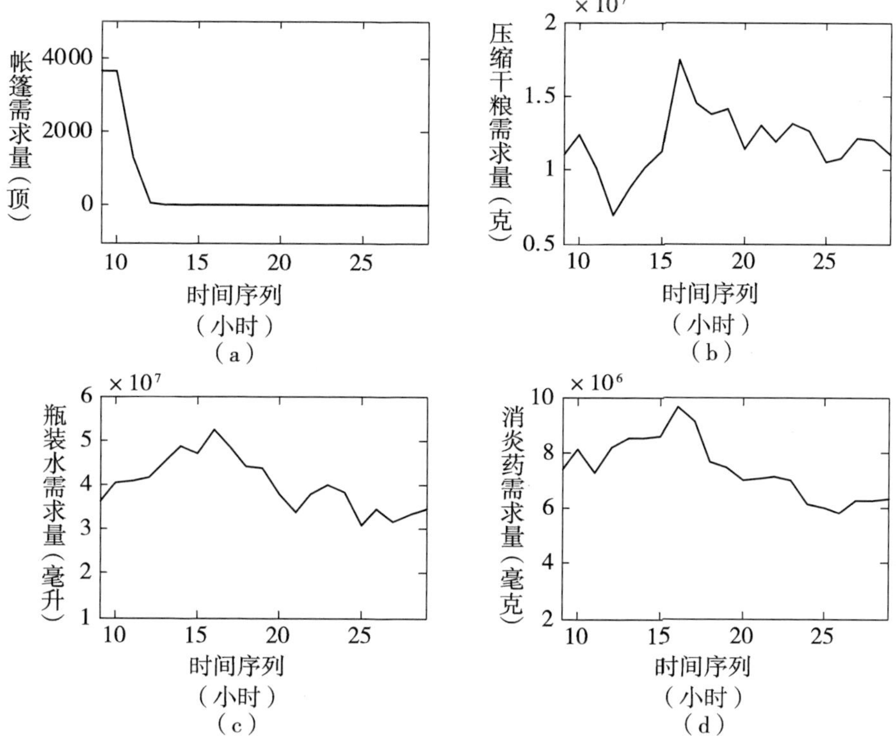

图3－6　不同时间序列下各类应急物资需求量的预测值

3.3.4　使用建议

分析上述模型可知，模型的计算不仅需要相关参数，而且还需借助历史数据。为提高模型实际使用的针对性，现提出4点使用建议。

（1）如前所述，需要进行需求量预测的物流实体主要是灾区范围内的需求点、责任区保障中心和中转配送中心以及后方仓库。相比较而言，需求点和责任区保障中心对被保障对象数量的确定较为容易，而对于灾区内的中转配送中心、后方仓库等这类难以明确被保障对象数量的物流实体，可由军队抢险救灾联合保障部根据参与救灾的部队总规模，按照一定比例指定上述物流实体应承担的保障规模。

（2）分析上述模型可知，理论上只要有2条历史数据便可以使用本节提出的模型对应急物资需求量进行动态预测，但历史数据越充分，模型预测的准确性理论上会越强。

（3）上述模型涉及不同被保障对象的应急物资需求标准。在具体使用前，各级后勤部门不仅需要明确各类应急物资的使用标准，而且还应明确不同应急物资之间的组合比例。

（4）预测时限设置方面，在救灾行动的初期、中期，由于各种不确定性因素较多，预测时间跨度不宜设置过长；而在救灾行动后期，由于道路通行能力较好、需求较为稳定，预测时间跨度可适当放宽。

3.4 本章小结

为解决军队抢险救灾应急物资调运过程中需求量预测这一关键问题，本章对需求预测方法进行了研究。在对军队抢险救灾应急物资需求量预测问题分析的基础上，按照定性预测和定量预测相结合的思路设计了包括确定预测目标、收集相关信息、选择预测方法、实施需求预测和输出预测需求量 5 个步骤的需求预测流程，为军队抢险救灾应急物资需求量的预测提供了总体解决思路。

为了实现军队抢险救灾应急物资需求的定量预测，以现有的分步式模型为基础，同时考虑需求和提前期的随机性，引入安全库存理论构建了军队抢险救灾应急物资需求预测模型，模型以观测得到的到货量和剩余库存量等信息实时预测当前时刻应急物资的需求量，为救灾过程中应急物资需求量的定量预测提供了科学且实用的理论方法，能较为便捷地估算出应急物资的需求量。应用算例表明，所建模型不仅能够较为准确地反映出需求量与被保障对象总数的正相关关系，而且还能较好地体现被保障对象总数的变化情况，为抢险救灾行动中应急物资需求量的预测提供了科学化的决策依据，具有一定的实用价值和应用前景。

4 军队抢险救灾多供应点、单需求点应急物资调运

如前文所述，尽管目前有关多供应点、单需求点应急物资调运决策模型的研究已取得阶段性成果，但现有研究还存在两点不足：①现有模型过于理想化，大多未考虑运输能力（运输工具的种类、数量和载重量等）的约束，即使有些学者考虑了运输能力约束，但假定供应点只有一种运输工具，并直接把运输能力约束简单地定义为最大可运输量，没有考虑应急物资具有的质量和体积属性；②相比于单种应急物资调运，多种应急物资调运方面的研究成果较少，将运输能力约束和多种应急物资需求相结合进行研究的成果更少。因此，现有研究成果只能解决军队抢险救灾行动中基础性的多供应点、单需求点应急物资调运问题，与军队抢险救灾多供应点、单需求点应急物资调运决策中同时存在的应急物资需求多样、运输工具种类多样（汽车、直升机等）但数量有限的实际情况还有较大差距。

鉴于此，本章在现有成果基础上，兼顾单种和多种应急物资需求，综合考虑运输工具种类、数量及其最大载重和最大容积约束的实际情况，构建以应急救援完成时间最短、运输工具平均空载率最低为目标的军队抢险救灾多供应点、单需求点应急物资调运约束多目标非线性整数规划模型，并提出用于模型求解的融合多种约束处理技术的约束多目标粒子群优化（Constrained Multi－Objective Particle Swarm Optimization Fused With Multiple Constraint Handling Techniques，CMOPSO－MCHT）算法。最后通过仿真对比实验验证模型的合理性和算法的有效性。

4.1 问题描述

多供应点、单需求点应急物资调运是军队抢险救灾应急物流运作过程中经常遇到的情况，是一项复杂的决策活动。通常情况下，考虑让最近的供应

点参与应急，然而受供应点物资储备总量、种类以及运输能力等条件的制约，常常出现一个供应点不能提供需求点所需的全部物资的情况，这势必需要在多个供应点间进行优化决策。例如，在本书第 2 章提出的军队抢险救灾应急物流组织结构中，组织结构末端的需求点（救灾部队、防疫分队或野战医院）提出应急物资需求，由于所需应急物资种类多、数量大，所属责任区保障中心因应急物资储备种类和数量等的限制，无法独立完成保障任务，此时便需要联合其他责任区保障中心，甚至灾区内的后方物资供应点实现对需求点的应急物资调运。同理，责任区保障中心或中转配送中心等也可能出现诸如此类的情况。

军队抢险救灾应急物流运作过程中经常遇到的情形可抽象为如图 4－1 所示的调运决策问题。该问题可描述为在二级供需网络中，存在一个需求点，I 个供应点，每个供应点储备有多种（最多 M 种）应急物资且拥有多种（最多 K 种）运输工具。某时刻，需求点提出应急物资需求（单种或多种），决策者要及时获知各供应点的应急物资储备量，不同运输条件下各供应点到需求点的估计运输时间，各供应点的运输工具种类和数量，每种运输工具的最大载重量和最大容积，每种应急物资的单位质量、单位体积以及单位装载时间，然后根据供应点的应急物资储备种类、总量及其具备的运输能力，考虑应急物资的装载和运输时间，并给出一个调运方案 φ，确定各供应点运输工具使用量及其所需承担的运输量，使得需求得到满足的同时，达到一定的目标。具体地，考虑到应急物资需求的紧迫性以及运输资源的有限性，将应急救援完成时间最短、运输工具的平均空载率最低作为调运决策的目标。

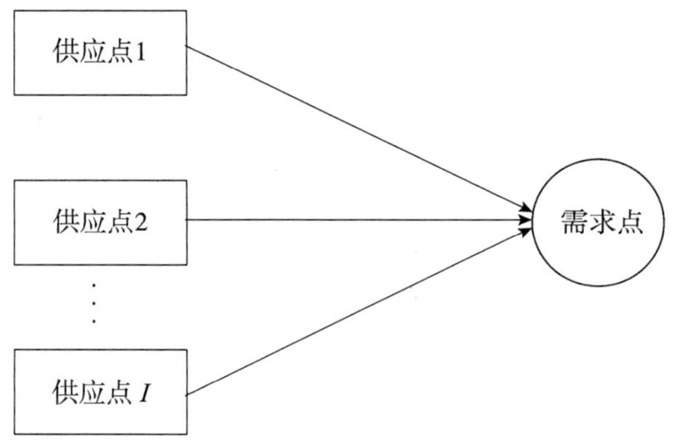

图 4－1　军队抢险救灾多供应点、单需求点应急物资调运网络示意

为明确研究边界，现作如下假设。

（1）问题中，应急物资储备量、需求量和运输能力等信息已知且可以及时获取，应急物资储备量满足需求量。

（2）供应点的物资装载能力充足，需求点可令多种运输工具到达。

（3）每种运输工具的规格、型号相同，且各供应点至少拥有 1 种运输工具。

（4）只考虑物资的装载时间和运输时间，不考虑应急物资运抵需求点后的卸载时间。

（5）各供应点的运输工具按照排队等候、顺序保障的方式进行装载。

（6）只考虑供应点与需求点间的单次直达运输，不考虑多次往返运输，且供应点之间不存在转运。

（7）相同规格、型号的运输工具视为一种运输工具。

（8）应急物资的量以非负整数及其对应的单位进行计量（物资标准化），如 120 顶帐篷、32 箱药品、30 床棉被等。

4.2 模型建立

4.2.1 符号说明

1. 集合

$SP = \{i \mid i = 1,2,\cdots,I\}$：供应点序号集，$i$ 为供应点序号，共 I 个供应点。

$SA = \{m \mid m = 1,2,\cdots,M\}$：应急物资种类序号集，$m$ 为应急物资种类序号，共 M 种应急物资。

$SV = \{k \mid k = 1,2,\cdots,K\}$：运输工具种类序号集，$k$ 为运输工具种类序号，共 K 种运输工具。

2. 参数

S_i：第 i 个供应点。

O：需求点。

b_m：O 对第 m 种应急物资的需求量。

sup_{im}：S_i 的第 m 种应急物资储备量。

t_{ik}：运用第 k 种运输工具从 S_i 运输应急物资到 O 的运输时间。

av_{ik}：S_i 的第 k 种运输工具拥有量。

q_m：第 m 种应急物资的单位质量。

v_m：第 m 种应急物资的单位体积。

t_m：第 m 种应急物资的单位装载时间。

Q_k：第 k 种运输工具的最大载重量。

V_k：第 k 种运输工具的最大容积。

3. 变量

x_{imk}：决策变量，表示运用第 k 种运输工具从 S_i 运输第 m 种应急物资到 O 的实际运输量。

δ_{ik}：x_{imk} 的合成变量，表示若 S_i 通过第 k 种运输工具向 O 供应应急物资，则为1，否则为0。

η_{ik}：x_{imk} 的合成变量，表示 S_i 的第 k 种运输工具实际使用量。

4.2.2 相关定义

定义4－1：设 t'_{ik} 为 S_i 应用第 k 种运输工具向 O 运输应急物资时的装载时间，结合参数 t_{ik}、变量 δ_{ik}，应急救援完成时间定义为最后一个到达需求点的运输工具的到达时间，记为 $\bar{T}$。

$$\bar{T} = \max_{\substack{\forall i \in SP \\ \forall k \in SV}} (t'_{ik} + t_{ik}) \cdot \delta_{ik} \tag{4-1}$$

定义4－2：设 r_{ik} 为 S_i 应用第 k 种运输工具向 O 运输物资时的满载率，结合变量 δ_{ik}，运输工具平均空载率定义为各供应点运输工具空载率的平均值，记为 $\bar{R}$。

$$\bar{R} = 1 - \frac{\sum_{i \in SP}\sum_{k \in SV} r_{ik}}{\sum_{i \in SP}\sum_{k \in SV} \delta_{ik}} \tag{4-2}$$

4.2.3 数学模型

根据上述对问题的描述和定义，军队抢险救灾多供应点、单需求点应急物资调运模型表述如下。

目标函数：

$$\min f_1 = \max_{\substack{\forall i \in SP \\ \forall k \in SV}} \left[\sum_{m \in SA} t_m x_{imk} + \delta_{ik} t_{ik} \right] \tag{4-3}$$

$$\min f_2 = 1 - \frac{\sum_{i \in SP}\sum_{k \in SV}\max\left(\frac{\sum_{m \in SA} x_{imk} q_m}{\eta_{ik} Q_k}, \frac{\sum_{m \in SA} x_{imk} v_m}{\eta_{ik} V_k}\right)}{\sum_{i \in SP}\sum_{k \in SV}\delta_{ik}} \tag{4-4}$$

合成变量：

$$\eta_{ik} = \max\left\{\left\lceil\frac{\sum_{m \in SA} x_{imk} q_m}{Q_k}\right\rceil, \left\lceil\frac{\sum_{m \in SA} x_{imk} v_m}{V_k}\right\rceil\right\} \quad \forall i \in SP, k \in SV \tag{4-5}$$

约束条件：

$$\sum_{i \in SP}\sum_{k \in SV} x_{imk} = b_m \quad \forall m \in SA \tag{4-6}$$

$$\sum_{k \in SV} x_{imk} \leqslant sup_{im} \quad \forall i \in SP, m \in SA \tag{4-7}$$

$$\eta_{ik} \leqslant av_{ik} \quad \forall i \in SP, k \in SV \tag{4-8}$$

$$x_{imk} \geqslant 0 \text{ 且为整数} \quad \forall i \in SP, m \in SA, k \in SV \tag{4-9}$$

$$\delta_{ik} = \begin{cases} 0 & \sum_{m \in SA} x_{imk} = 0 \\ 1 & \sum_{m \in SA} x_{imk} \neq 0 \end{cases} \quad \forall i \in SP, k \in SV \tag{4-10}$$

式（4-3）和式（4-4）为目标函数，分别表示应急救援完成时间最短和运输工具平均空载率最低；式（4-5）为合成变量，表示 S_i 运输应急物资到 O 所使用的第 k 种运输工具数量，取载重量和容积的上限，⌈⌉ 表示向上取整；式（4-6）表示所有供应点通过不同运输工具运至 O 的第 m 种应急物资总量必须等于 O 点对第 m 种应急物资的需求量，为等式约束；式（4-7）表示 S_i 通过不同运输工具运出的第 m 种应急物资总量不能超过 S_i 的第 m 种应急物资储备量；式（4-8）表示 S_i 对第 k 种运输工具的实际使用量不超过 S_i 所拥有的第 k 种运输工具总量；式（4-9）表示非负整数约束；式（4-10）表示，当 S_i 不使用第 k 种运输工具向 O 运输任何一种应急物资时取 0，否则取 1。

值得注意的是，上述模型是在综合考虑运输工具最大载重量及最大容积约束基础上提出的，符合物资调运的现实需要，具有较强的实用性。不仅如此，根据应急物资种类 m 和运输工具种类 k 的取值不同，上述模型既可解决单种应急物资需求或单一运输工具条件下的应急物资调运问题，还可解决多种应急物资需求或多种运输工具条件下的应急物资调运问题，具有较强的通用性。因此，上述模型兼具较强的实用性和通用性。

4.3 模型求解

不难看出，上节提出的模型是一个具有双目标，同时含有等式约束、不等式约束以及非负整数解空间约束的多目标非线性整数规划模型，属于典型的约束多目标优化问题（Constrained Multi - Objective Optimization Problem, CMOP）。

4.3.1 基础理论

1. 约束多目标优化问题

一般地，一个具有 n 维决策变量（向量），z 个目标函数的约束多目标优化问题可描述为：

$$\begin{aligned} &\min \boldsymbol{F}(\boldsymbol{x}) = [f_1(\boldsymbol{x}), f_2(\boldsymbol{x}), \cdots, f_z(\boldsymbol{x})] \\ &\text{s.t. } g_l(\boldsymbol{x}) \leqslant 0 \quad l = 1,2,\cdots,p_1 \\ &\qquad h_l(\boldsymbol{x}) = 0 \quad l = p_1 + 1,\cdots,p_2 \end{aligned} \tag{4 - 11}$$

其中，

$\boldsymbol{x} = (\boldsymbol{x}_1, \boldsymbol{x}_2, \cdots, \boldsymbol{x}_n) \in \boldsymbol{S} \subset \boldsymbol{R}^n$ 是 n 维决策变量（向量），$\boldsymbol{x}_j$ 是第 j 个决策变量。

$\boldsymbol{S} = \{\boldsymbol{x} \mid x_j^{\min} \leqslant \boldsymbol{x}_j \leqslant x_j^{\max}, j = 1,2,\cdots,n\}$ 为决策空间，也称搜索空间，$x_j^{\max}$ 和 $x_j^{\min}$ 是决策变量的上、下界。

$\boldsymbol{F}(\boldsymbol{x}) \in \boldsymbol{\Lambda} \subset \boldsymbol{R}^z$ 为 z 维目标函数向量，$\boldsymbol{\Lambda}$ 为 z 维目标空间。

$g_l(\boldsymbol{x}) \leqslant 0, l = 1,2,\cdots,p_1$ 定义了 p_1 个不等式约束。

$h_l(\boldsymbol{x}) = 0, l = p_1 + 1,2,\cdots,p_2$ 定义了 $p_2 - p_1$ 个等式约束。

$\boldsymbol{\Omega} = \{x \in S \mid g_l(\boldsymbol{x}) \leqslant 0, l = 1,2,\cdots,p_1 \text{ 且 } h_l(\boldsymbol{x}) = 0, l = p_1 + 1,\cdots,p_2\}$ 表示既满足决策变量上下界约束，又满足等式约束、不等式约束的可行解集合，又称可行解空间或可行域。

通常，等式约束将通过式（4－12）转换为不等式约束。

$$|h_l(\boldsymbol{x})| - \varepsilon \leqslant 0 \tag{4-12}$$

其中，ε 为一个非常小的松弛度值，用于表示满足等式约束的可接受程度。

上述有关约束多目标优化问题的描述是以目标函数最小为例的，事实上，任何形式的约束多目标优化问题都可以转换为上述统一的表达形式，如当目标函数要求最大时，可通过取倒数、相反数等方式进行转换。

在对约束多目标优化问题进行研究的过程中，必然会涉及一些关于 Pareto（帕累托）的概念。在此以最小化问题为例，对 Pareto 的相关概念进行介绍。

定义 4－3：Pareto 支配（Pareto Dominance）：已知可行解 $\boldsymbol{x},\boldsymbol{y} \in \boldsymbol{\Omega}$，当且仅当 $\forall j \in \{1,2,\cdots,z\}$，$f_j(\boldsymbol{x}) \leqslant f_j(\boldsymbol{y})$ 且 $\boldsymbol{F}(\boldsymbol{x}) \neq \boldsymbol{F}(\boldsymbol{y})$ 时，则称 $\boldsymbol{x}$ Pareto 支配 $\boldsymbol{y}$，记为 $\boldsymbol{x} \prec \boldsymbol{y}$。

此时，$\boldsymbol{x}$ 与 $\boldsymbol{y}$ 是支配与被支配的关系，当定义 4－3 的条件不成立时，$\boldsymbol{x}$ 和 $\boldsymbol{y}$ 彼此之间是非支配关系。分析上述定义可知，决策空间中的支配关系实质上是由目标空间的支配关系决定的，因此决策空间的支配关系与目标空间的支配关系是一致的。

定义 4－4：Pareto 最优解（Pareto Optimal Solution）：已知可行解 $\boldsymbol{x} \in \Omega$，当且仅当 $\neg\ \exists \boldsymbol{y} \in \boldsymbol{\Omega}$ 使得 $\boldsymbol{y} \prec \boldsymbol{x}$，则可行解 $\boldsymbol{x}$ 为 Pareto 最优解。Pareto 最优解也被称为非劣解、有效解或非优超解。

定义 4－5：Pareto 最优集（Pareto Optimal Set，POS）：所有 Pareto 最优解的集合称为 Pareto 最优集，即 $\boldsymbol{POS} = \{\boldsymbol{x} \in \boldsymbol{\Omega} | \neg\ \exists \boldsymbol{y} \in \boldsymbol{\Omega}, \boldsymbol{y} \prec \boldsymbol{x}\}$。

定义 4－6：Pareto 前沿（Pareto Front，PF）：Pareto 最优集所对应的目标空间中目标函数值的集合称为 Pareto 前沿，即 $\boldsymbol{PF} = \{\boldsymbol{F}(\boldsymbol{x}) \mid \boldsymbol{x} \in POS\}$。

在约束多目标优化问题中，由于等式约束和不等式约束的存在，不可避免地将解空间划分为可行解空间和不可行解空间。为了表示不可行解偏离可行域的距离，通常会使用约束偏离值这一概念。

约束偏离值由式（4－13）给出：

$$Q(\boldsymbol{x}) = \sum_{l=1}^{p_2} \frac{1}{p_2} \frac{q_l(\boldsymbol{x})}{q_l^{\max}} \tag{4-13}$$

其中，$q_l(\boldsymbol{x})$ 为第 l 个约束的偏离度，可通过式（4－14）得到；$q_l^{\max}$ 为第 l 个约束的偏离度最大值，可通过式（4－15）得到；$Q(\boldsymbol{x})$ 为解 $\boldsymbol{x}$ 的约束偏离

值，很显然，可行解的 $Q(\boldsymbol{x})=0$ 。

$$q_l(\boldsymbol{x})=\begin{cases}\max[0,g_l(\boldsymbol{x})] & ,l=1,2,\cdots,p_1\\ \max[0,|h_l(\boldsymbol{x})|-\varepsilon] & ,l=p_1+1,\cdots,p_2\end{cases} \tag{4-14}$$

$$q_l^{\max}=\max_{\boldsymbol{x}} q_l(\boldsymbol{x}) \tag{4-15}$$

由定义 4－3 可知，对于两个可行解，可以用 Pareto 支配的概念比较得出彼此之间是支配还是被支配关系。然而，当两个解同时存在可行与不可行的可能时，不能再用 Pareto 支配进行比较。针对该问题，有学者提出了一个目前广为使用的准则，即约束支配准则。该准则指出，一个解 $\boldsymbol{x}$ 约束支配另一个解 $\boldsymbol{y}$ ，当且仅当下列任意一个条件成立：

①$\boldsymbol{x}$ 是可行解，而 $\boldsymbol{y}$ 为不可行解。

②$\boldsymbol{x}$ 、$\boldsymbol{y}$ 均为不可行解，但 $Q(\boldsymbol{x})<Q(\boldsymbol{y})$ 。

③$\boldsymbol{x}$ 、$\boldsymbol{y}$ 均为可行解，且 $\boldsymbol{x}\prec\boldsymbol{y}$ 。

近年来，针对约束多目标优化模型求解的问题，国内外学者按照进化算法与约束处理技术相结合的求解思路开展了相关研究，提出了一些约束多目标进化算法，形成了多种约束处理技术（如约束支配准则、约束条件转换为目标函数、目标函数修正等）。尽管 4.2 节所建模型属于约束多目标优化问题的范畴，但现有算法无法用于求解该模型。具体来讲，可将其中的原因归纳为两点：①现有算法是在决策变量有界且连续的基础上提出的（见决策空间 S 的定义），主要针对的是决策变量为连续实数情况下的约束多目标优化问题求解，而上述模型的决策变量为非负整数，现有算法的迭代过程与非负整数解空间约束不匹配。②现有算法对等式约束处理的研究不足，主要表现在两个方面：一是理论分析不足，直接将等式约束转化为在指定松弛度范围内的不等式约束，详见式（4－12），这无疑放大了可行解空间，致使寻优结果不能严格满足等式约束；二是缺乏实验验证，在现有文献中，用于验证约束多目标进化算法性能的测试函数均为不含等式约束的约束多目标函数。事实上，通过查阅文献发现，现有研究并未涉足等式约束，主要针对的还是不等式约束。

综上，尽管目前有关约束多目标优化问题的求解已经提出了一些算法，但现有算法还无法用于求解本章模型。鉴于此，为实现 4.2 节模型求解，本节必须根据模型的实际特点，在现有成果基础上，提出针对性的模型求解算法。

2. 粒子群优化算法

粒子群优化（Particle Swarm Optimization，PSO）算法是由美国心理学家肯尼迪和电气工程师埃伯哈特于1995年提出的一种基于个体改进、种群协作与竞争机制的群体智能算法。他们模拟鸟类觅食行为，将问题的搜索空间类比为鸟类的飞行空间，将每只鸟抽象为一个无质量、无体积的粒子，粒子的位置代表优化问题的候选解，粒子采用简单的速度－位移模型，在适应值函数信息导向下按照一定的飞行速度实现基于种群的全局解空间搜索，其飞行速度根据该粒子在解空间搜索到的最好位置（个体最优位置）和群体所有粒子搜索到的最好位置（全局最优位置）动态调整。

PSO算法的数学描述为：在一个由 N 个粒子构成的粒子群 $\boldsymbol{X} = (\boldsymbol{X}_1, \boldsymbol{X}_2, \cdots, \boldsymbol{X}_N)$ 中，记第 q 个粒子的位置为 $\boldsymbol{X}_q = (\boldsymbol{X}_{q1}, \boldsymbol{X}_{q2}, \cdots, \boldsymbol{X}_{qD})$，$d = 1,2,\cdots,D$，其个体最优位置表示为 $\boldsymbol{XP}_q = (\boldsymbol{XP}_{q1}, \boldsymbol{XP}_{q2}, \cdots, \boldsymbol{XP}_{qD})$，全局最优位置表示为 $\boldsymbol{XG} = (\boldsymbol{XG}_1, \boldsymbol{XG}_2, \cdots, \boldsymbol{XG}_D)$，其中 D 为决策变量的总维数，$q = 1,2,\cdots,N$，N 为群体规模。$\boldsymbol{X}_q$ 的第 s 次迭代的速度，表示为 $V_{qd}^s = (V_{q1}^s, V_{q2}^s, \cdots, V_{qD}^s)$，粒子的速度和位置分别按照式（4－16）和式（4－17）进行迭代，即速度－位移模型。

$$V_{qd}^{s+1} = w^s \cdot V_{qd}^s + c_1^s r_1 (XP_{qd}^s - X_{qd}^s) + c_2^s r_2 (XG_d^s - X_{qd}^s) \tag{4-16}$$

$$X_{qd}^{s+1} = X_{qd}^s + V_{qd}^{s+1} \tag{4-17}$$

s 为迭代次数；c_1^s，c_2^s 为第 s 代的学习因子；w^s 为第 s 代的惯性权重；T 为总迭代次数，$s = 1,2,\cdots,T$；r_1，r_2 为两个独立的、介于 $[0,1]$ 的随机实数；XP_q^s 表示第 s 代种群中第 q 个粒子的个体最优位置；XG_d^s 表示第 s 代种群的全局最优位置。

由式（4－16）可知，粒子速度由三部分组成：第一部分 $w^s \cdot V_{qd}^s$ 反映粒子当前速度对更新速度的影响，反映粒子当前的状态，平衡全局和局部搜索的能力；第二部分 $c_1^s r_1 (XP_{qd}^s - X_{qd}^s)$ 反映认知部分的影响，即粒子本身记忆的影响，使粒子具有全局搜索能力，避免陷入局部最小；第三部分 $c_2^s r_2 (XG_d^s - X_{qd}^s)$ 反映社会部分的影响，即群体信息的影响，体现粒子间的信息共享。在这三部分的共同作用下，粒子根据历史经验并利用信息共享机制，不断调整自己的位置，以期找到问题的最优解。PSO 算法中粒子位置在每代的更新方式如图 4－2 所示。

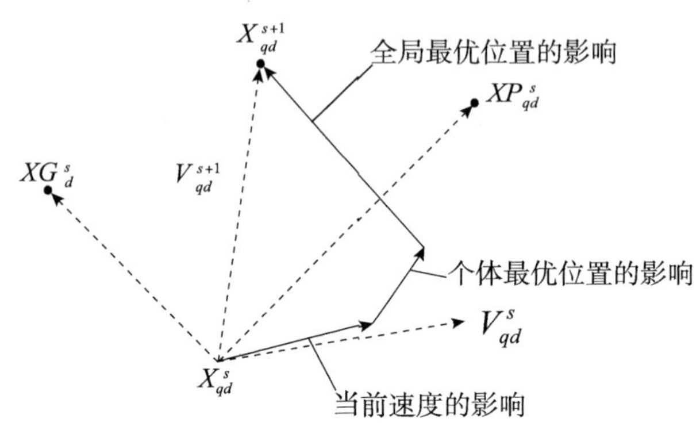

图 4－2　粒子位置更新示意

PSO 算法实现的基本流程如图 4－3 所示，具体描述如下。

①随机生成粒子的初始位置和初始速度，初始化个体最优位置和全局最优位置，设定算法所需相关参数。

②根据式（4－16）和式（4－17）更新粒子速度和位置。

③对每个粒子，将其当前位置的适应度值和经历过最好位置的适应度值进行比较，如果当前位置更好，用当前位置更新个体最优位置；否则保持个体最优位置不变。

④对每个粒子，将其当前位置的适应值和群体中所有粒子经历过最好位置的适应度值进行比较，如果当前位置更好，用当前位置更新全局最优位置；否则保持不变。

⑤如果达到结束条件，则输出搜索结果，否则回到步骤②继续迭代。

一般将终止条件设定为达到预设的运算精度或达到一个预设的最大迭代次数。

上述 PSO 算法只是一种理论范式，尽管可以为问题的求解提供基本的解决思路，但在实际应用中还需结合问题的特点针对性地对其进行设计和改进。

综上所述，针对目前还没有现成算法可以解决本章 4.2 节所建立模型的现实情况，下文针对所建模型中的多项约束限制，以 PSO 算法为基础，融合多种约束处理技术，提出适用于求解本章模型的 CMOPSO－MCHT 算法。

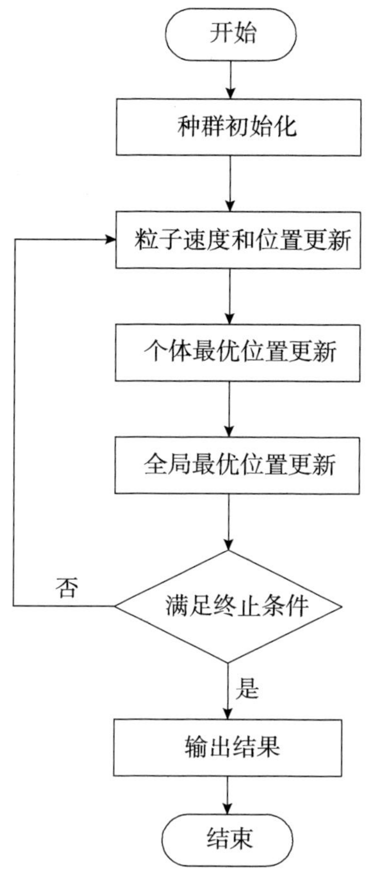

图 4－3 PSO 算法实现的基本流程

4.3.2 基本思想

采用具有进化机制简单且收敛速度快等优点的 PSO 算法作为模型求解算法的基本进化框架。充分利用 PSO 算法中粒子速度迭代推进其位置迭代的基本原理，通过对粒子速度迭代公式进行改进并对其进行非负整数解空间限制和超平面约束实现粒子的速度控制，从而保证每次迭代生成的粒子位置同时满足非负整数解空间约束和等式约束。此外，针对本章模型中存在的不等式约束，充分发挥优秀不可行解对提高算法全局优化能力并保持 Pareto 最优解多样性的作用，提出动态阈值约束支配准则更新个体最优位置，采用目标函数修正法选择目标函数值和约束偏离值均较小的粒子作为全局最优位置。

4.3.3 粒子编码

由式（4－9）可知，模型中的唯一决策变量 x_{imk} 为非负整数。为实现粒子位置与所有供应点的各种运输工具实际供应量的解空间映射，算法以供应点为序依次对其进行串行非负整数编码。第 q 个粒子的位置 $\boldsymbol{X}_{qd} = (\boldsymbol{X}_{q1}, \boldsymbol{X}_{q2}, \cdots, \boldsymbol{X}_{qD})$ 按式（4－18）进行编码，第 q 个粒子的速度 $\boldsymbol{V}_{qd}$ 编码方式与 $\boldsymbol{X}_{qd}$ 的编码类似。粒子维数 d 与 i, m, k 之间的关系见式（4－19）。

$$\underbrace{\overbrace{x_{i11}, x_{i21}, \cdots, x_{iM1}}^{\text{第1种运输工具}}, \overbrace{x_{i12}, x_{i22}, \cdots, x_{iM2}}^{\text{第2种运输工具}}, \cdots, \overbrace{x_{i1K}, x_{i2K}, \cdots, x_{iMK}}^{\text{第}K\text{种运输工具}}}_{\text{第}i\text{个供应点}} \tag{4-18}$$

$$d = (i-1) \cdot M \cdot k + (k-1) \cdot M + m, i \in SP, m \in SA, k \in SV \tag{4-19}$$

4.3.4 速度更新策略

由式（4－16）可知，粒子速度的更新涉及 c_1^s 、c_2^s 和 w^s 三个参数。按照进化前期侧重全局搜索、进化后期侧重局部搜索的思路，所提算法中 c_1^s 、c_2^s 的取值改变以往取固定常数的做法，按照式（4－20）进行动态取值，$c_{\max}$ 和 $c_{\min}$ 分别为学习因子的初始最大值、最小值，而 w^s 按照式（4－21）进行动态更新。

$$c_1^s = c_2^s = c_{\max} - \frac{c_{\max} - c_{\min}}{T} \cdot s \tag{4-20}$$

$$w^s = 0.5 + \frac{1}{2[\ln(s) + 1]} \tag{4-21}$$

1. 整数迭代

由式（4－16）可知，r_1 和 r_2 两个参数的存在使得粒子的更新速度 V_{qd}^{s+1} 理论上取某区间的随机实数。按照粒子速度更新的基本原理，改进的整数速度也应该是给定区间内的随机整数，此处不妨将该区间设为 $[V_{lower}, V_{upper}]$，即应为 $[V_{lower}, V_{upper}]$ 的随机整数。其中，V_{lower} 和 V_{upper} 分别表示更新速度的下界和上界，具体算法分别见式（4－22）和式（4－23），其中 *round* 表示按照四舍五入原则取整。

$$V_{lower}=round(w^{s}\cdot V_{qd}^{s})+\min\{0,round[c_{1}^{s}(XP_{qd}^{s}-X_{qd}^{s})]\}+\min\{0,round[c_{2}^{s}(XG_{d}^{s}-X_{qd}^{s})]\} \tag{4-22}$$

$$V_{upper}=round(w^{s}\cdot V_{qd}^{s})+\max\{0,round[c_{1}^{s}(XP_{qd}^{s}-X_{qd}^{s})]\}+\max\{0,round[c_{2}^{s}(XG_{d}^{s}-X_{qd}^{s})]\} \tag{4-23}$$

2. 非负解空间限制

由式（4－17）可知，为避免更新后的粒子位置脱离非负解空间，需对速度更新区间的上、下界进行调整。具体调整策略如表 4－1 所示，C 表示进行调整的条件，S 表示具体的调整策略，&& 为关系运算符，表示“且”。

表 4－1　　速度更新区间上、下界调整策略

C	S
$(V_{upper}+X_{qd}^{s})\leqslant 0$	$V_{lower}=V_{upper}=-X_{qd}^{s}$
$(V_{lower}+X_{qd}^{s})<0$ && $(V_{upper}+X_{qd}^{s})>0$	$V_{lower}=-X_{qd}^{s}$

按照这样的调整策略才能保证粒子的位置始终位于非负整数解空间。

3. 超平面约束

等式约束式（4－6）可用粒子位置表示为式（4－24）。

$$\sum_{d\in H}X_{qd}^{s}=b_{m} \tag{4-24}$$

$$H=\{d\mid d=(i-1)\cdot M\cdot K+(k-1)\cdot M+m,i\in SP,m\in SA,k\in SV\} \tag{4-25}$$

为保证更新后的粒子位置 X_{qd}^{s+1} 满足等式约束，根据式（4－17）、式（4－24）和式（4－26）可知，V_{qd}^{s+1} 必须满足式（4－27）给出的超平面约束。

$$\sum_{d \in H} X_{qd}^{s+1} = \sum_{d \in H} X_{qd}^{s} + \sum_{d \in H} V_{qd}^{s+1} \tag{4-26}$$

$$\sum_{d \in H} V_{qd}^{s+1} = 0 \tag{4-27}$$

按照上述给出的整数迭代、非负解空间限制和超平面约束更新粒子速度，能使决策变量（粒子位置）始终为非负整数且满足式（4－6）的等式约束。

4.3.5　个体最优位置更新策略

尽管根据4.3.4节便可得到更新后的粒子位置 X_{qd}^{s+1}，但由于不等式约束式（4－7）和式（4－8）的存在使得 X_{qd}^{s+1} 很可能是不可行解。如何用 X_{qd}^{s+1} 实现对个体最优位置 XP_{qd}^{s} 的更新，是算法必须关注的问题。

若考虑采用4.3.1节提及的约束支配准则来实现对 XP_{qd}^{s} 的更新，分析可知，当 XP_{qd}^{s} 为可行解时，大概率出现的不可行解 X_{qd}^{s+1} 很容易使 XP_{qd}^{s} 在进化过程中长期处于停滞状态，致使算法全局寻优能力变弱，容易陷入局部最优解。为充分发挥不可行解的桥梁作用，本节提出一种动态阈值约束支配准则，用以实现 XP_{qd}^{s} 的更新。

根据式（4－7）和式（4－8），参照4.3.1节对约束偏离值的定义，容易求得 X_{qd}^{s+1} 和 XP_{qd}^{s} 的约束偏离值，分别记为 $Q(X_{qd}^{s+1})$ 和 $Q(XP_{qd}^{s})$。

定义动态阈值 β^{s}：

$$\beta^{s} = \begin{cases} \beta_0 \cdot \cos(\frac{5\pi}{7T} \cdot s) & 1 \leqslant s \leqslant 0.7T \\ 0 & 0.7T < s \leqslant T \end{cases} \tag{4-28}$$

其中，β_0 为初始约束偏离值容忍度。

用 F_{qd}^{s+1} 和 FP_{qd}^{s} 分别表示 X_{qd}^{s+1} 和 XP_{qd}^{s} 的目标函数值。若式（4－29）成立，则令 $XP_{qd}^{s+1} = X_{qd}^{s+1}$，实现个体最优位置的更新；否则，$XP_{qd}^{s+1} = XP_{qd}^{s}$，称 X_{qd}^{s+1} 动态阈值约束支配 XP_{qd}^{s}（表示为 $>_{\beta}CD$）。

$$X_{qd}^{s+1} >_{\beta} CD\, XP_{qd}^{s} \Leftrightarrow \begin{cases} F_{qd}^{s+1} > FP_{qd}^{s} & Q(X_{qd}^{s+1}), Q(XP_{qd}^{s}) < \beta^{s} \\ F_{qd}^{s+1} > FP_{qd}^{s} & Q(X_{qd}^{s+1}) = Q(XP_{qd}^{s}) = \beta^{s} \\ Q(X_{qd}^{s+1}) < Q(XP_{q}^{s}) & \text{其他} \end{cases} \tag{4-29}$$

上述动态约束支配准则在进化初期，由于 β^s 的调节，允许不可行解更新个体最优位置，有利于扩大算法探索空间、提高全局寻优能力；而在进化后期，β^s 等于0，上述准则与前面提及的约束支配准则等价，有利于提升算法对可行域的局部探索能力。不难看出，上述动态阈值支配准则是对现有约束支配准则的延续和拓展。

4.3.6 全局最优位置更新策略

用 GF 表示全局最优位置外部储备集，粒子在进行速度更新时从 GF 中随机选择一个位置作为其全局最优位置。为提高算法全局优化能力，算法按照以下三步实现对 GF 的更新。

（1）将更新后的粒子群 X^{s+1} 与 GF 合并为种群 Pop，并令 $GF=\varnothing$。

（2）采用沃尔德森贝特等提出的约束处理技术对 Pop 中的每个粒子进行目标函数修正。

（3）根据修正后目标函数的 Pareto 支配关系，选择不被 Pop 中其他粒子支配的个体进入 GF。

沃尔德森贝特等提出的目标函数修正法实质是根据种群中可行解的比例，对粒子的目标函数值进行自适应惩罚，将其用于对 Pop 进行目标函数修正前，需对粒子的各维目标函数进行归一化处理。设 Pop 的种群规模为 NP，则 Pop 中第 q（$q=1,2,\cdots,NP$）个粒子 X_q 的目标函数归一化过程如下。

$$\tilde{f}_r(X_q)=\frac{f_r(X_q)-f_r^{\min}}{f_r^{\max}-f_r^{\min}} \tag{4-30}$$

其中，$\tilde{f}_r(X_q)$ 为粒子 X_q 的第 r 维目标函数 $f_r(X_q)$ 的归一化值；$f_r^{\min}$、$f_r^{\max}$ 为种群 Pop 中第 r 个目标函数值的最小值、最大值；r 为目标函数维数。由于本章模型只有两个目标函数，所以 r 取1或2。

进行归一化处理后，对 Pop 中的粒子可按照以下三种情况进行修正。

（1）当 Pop 中的粒子全为可行解时，所有粒子的目标函数值不需要修正。

（2）当 Pop 中的粒子全为不可行解时，粒子 X_q 的各维目标函数值取为其约束偏离值 $Q(X_q)$。

（3）当 Pop 中同时存在可行解和不可行解时，粒子 X_q 的各维目标函数值按式（4－31）进行取值。

$$f_r^{\prime}(X_q)=\sqrt{\tilde{f}_r(X_q)^2+Q(X_q)^2}+(1-\alpha)\cdot Q(X_q)+\alpha\cdot\tilde{f}_r(X_q) \tag{4-31}$$

其中，$f_r^{\prime}(X_q)$ 为粒子 X_q 修正后的第 r 个目标函数值；$Q(X_q)$ 为粒子 X_q 的约束偏离值；α 为种群中可行解个数与种群规模的比值。

根据目标函数修正法更新后的 GF 不仅能保留 Pareto 最优解，同时还能保留约束偏离值较小且目标函数值较优的非可行解。因约束偏离值较小且目标函数值较优的粒子已经位于可行解空间进行边缘，保留这类粒子有利于算法对更多可行解空间进行搜索，尤其适用于解空间较小且存在多点分散布局的情况。

4.3.7 实现步骤

Step 1：设置参数 N , T , $c_{\max}$, $c_{\min}$ 和 β_0 。令 $s=1$ ，按 4.3.3 节设计的粒子编码方案在可行域空间内随机生成粒子位置 X_q^s ，令 $V_q^s=0$, $XP_q^s=X_q^s$, $q=1,2,\cdots,N$ ，并计算所有粒子的目标函数值及其约束偏离值。按照支配关系，生成 Pareto 最优解外部储备集 F ，并令全局最优位置外部储备集 $GF=F$ 。

Step 2：更新 w^s , c_1^s , c_2^s 。按照 $q=1,2,\cdots,N$ 的顺序，对第 q 个粒子依次执行以下操作：

（1）从 GF 中随机选择一个粒子作为其全局最优位置 XG^s 。

（2）按照 4.3.4 节的方法更新粒子速度 V_q^{s+1} 和位置 X_q^{s+1} ，并计算其目标函数值和约束偏离值。

Step 3：合并 F 与 X^{s+1} 中的可行解，按照支配关系更新 F ；按照 4.3.6 节中全局最优位置更新策略更新 GF 。

Step 4：按照 $q=1,2,\cdots,N$ 的顺序，对第 q 个粒子按照 4.3.5 节中个体最优位置更新策略得到更新后的个体最优位置 XP_q^{s+1} 。

Step 5：若 $s<T$ ，令 $s=s+1$ ，返回 Step 2；否则，算法终止，输出 F 。

4.4 数值算例

4.4.1 算例设置

在某次抢险救灾行动中，第 1 责任区内的需求点 O 提出帐篷、棉被、衣物和食品四种应急物资需求，其对应的需求量如表4－2所示。需求点O提出的需求计划上报至第1责任区保障中心（记为S_1）后，受S_1储备量的限制，该责任区保障中心不能对需求点O进行足量保障。为此，该责任区保障中心将这一需求信息报送至联合保障部。联合保障部根据需求点的地理位置等信息，获知离需求点O较近的第2责任区保障中心（记为S_2）、某后方仓库（记为S_3）和某中转配送中心（记为S_4）储备有所需应急物资，并可实施调运保障。S_1～S_4四种应急物资的储备量如表4－3所示。设S_1～S_4配备的运输工具主要是X型汽车和X型直升机，已知各供应点配备各种运输工具数量如表4－4所示，各供应点各种运输工具到需求点O的估计运输时间如表4－5所示。参照相关资料的有关数据，四种应急物资的相关参数如表4－6所示。两种运输工具的最大装载重量和最大容积如表4－7所示。

表4－2　各类应急物资需求量

帐篷（顶）	棉被（床）	衣物（十件）	食品（箱）
549	430	566	658

表4－3　各供应点各类应急物资储备量

sup_{im}	帐篷（顶）	棉被（床）	衣物（十件）	食品（箱）
S_1	274	349	268	170
S_2	254	200	300	210
S_3	136	237	198	432
S_4	197	202	430	169

表4－4　各供应点各种运输工具拥有量

av_{ik}	汽车（台）	直升机（架）
S_1	8	0
S_2	9	2
S_3	5	0
S_4	2	3

表 4－5　　各供应点各种运输工具到需求点的估计运输时间

t_{ik}（小时）	汽车	直升机
S_1	1.6	—
S_2	1.8	0.9
S_3	2.0	—
S_4	2.0	1.4

表 4－6　　各类应急物资单位质量、单位体积和单位装载时间

应急物资	单位质量（千克）	单位体积（立方米）	单位装载时间（小时）
帐篷	30	1.1	0.2
棉被	6	0.15	0.2
衣物	5	0.3	0.1
食品	10	0.5	0.1

表 4－7　　各种运输工具最大载重量和最大容积

运输工具	最大载重量（千克）	最大容积（立方米）
汽车	5000	40
直升机	8000	600

如上文所述，现有的约束多目标进化算法无法求解本章模型，因而没有现成的对比算法。但为了验证 CMOPSO－MCHT 算法（以下简称 CMOPSO－MCHT）的性能，考虑到 CMOPSO－MCHT 的进化框架为 PSO 算法，本节以目前在约束多目标优化问题中采用的 PSO 算法作为基础参照对象，将 4.3.4 节的内容作为子模块嵌入到选定的算法中，用以实现与 CMOPSO－MCHT 的对比。选定的算法为文献［138］提出的改进约束多目标微粒群优化算法（以下简称 M－CMOPSO）和文献［139］提出的少控制参数的简洁多目标微粒群优化算法（以下简称 BB－MOPSO）。将 4.3.4 节内容嵌入这两种算法只是为了能使其满足等式约束，并未改变两种算法的核心架构和基本思想，因此不会影响两种算法的原有性能。这三种算法的源代码详见附录二。

三种算法的公共参数设置：$N = 200$，$T = 1000$，$c_{\max} = 1.5$，$c_{\min} = 0.5$。

CMOPSO－MCHT 私有参数设置：$\beta_0 = 0.5$；M－CMOPSO 无私有参数；BB－MOPSO 私有参数设置：可行储备集 $N_1 = 100$，非可行储备集 $N_2 = 100$。

4.4.2 评价指标

选用两集覆盖（Two Sets Coverage，TSC）和空间度量（The Spacing，SP）两个指标评价算法的性能。

1. 两集覆盖

TSC 指标主要用于比较两种算法的收敛性，其定义为：

$$TSC(A,B) = \frac{|\{\mu \in B \mid \exists v \in A: v > \mu\}|}{|B|} \tag{4-32}$$

其中，A 和 B 分别表示两种算法所得的 Pareto 最优集；$|B|$ 表示 Pareto 最优集 B 中 Pareto 最优解的个数；TSC 是定义在 $[0,1]$ 上，用于定量描述 B 中的解能被 A 中至少一个解 Pareto 支配的个数占 B 中所有解的个数的比例。$TSC(A,B) = 1$ 表示 B 中任意一个解都能在 A 中找到支配它的解；反之，$TSC(A,B) = 0$。值得注意的是，由于解之间存在非支配关系（即两个解同为 Pareto 最优解），$TSC(A,B)$ 与 $TSC(B,A)$ 的和不一定为 1，因此需要同时计算 $TSC(A,B)$ 与 $TSC(B,A)$。

2. 空间度量

SP 指标主要用于度量算法求得 PF 分布的均匀性，其值越小表示 PF 分布越均匀，其定义为：

$$SP = \sqrt{\frac{1}{h-1}\sum_{g=1}^{h}(\bar{c} - c_g)^2} \quad \bar{c} = \frac{1}{h}\sum_{g=1}^{h} c_g$$
$$c_g = \min\{\sum_{r=1}^{z} |f_r^g(x) - f_r^e(x)|\} \quad e = 1,2,\cdots h, e \neq g \tag{4-33}$$

其中，h 为 Pareto 最优集中解的个数；z 为目标函数个数；c_g 为第 g 个 Pareto 最优解对应目标向量与其最近的目标向量之间的距离。

4.4.3 结果分析

根据上述算例设置，在 MATLAB R2010a 中进行计算，三种算法求得的典型 PF 如图 4 －4 所示。由图 4 －4 可知，三种算法都能在给定的总迭代次数内求解得到多个 Pareto 最优解，然而三种算法的性能存在较大的差异。

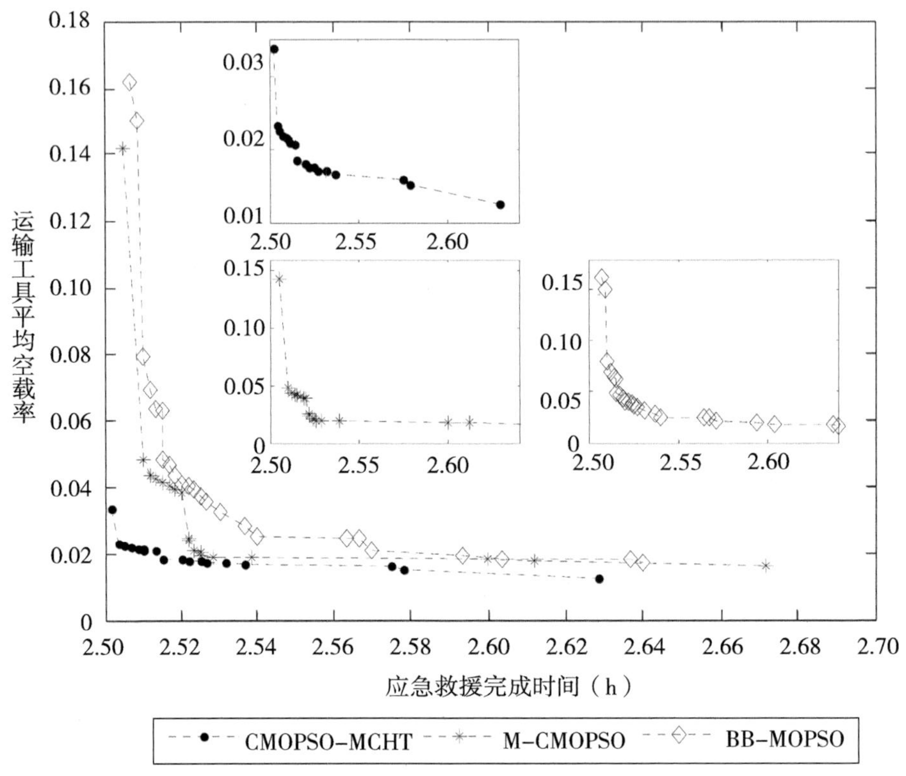

图 4 －4　三种算法求得的典型 PF

（1）对比图 4 －4 中的三条 PF 曲线可知，CMOPSO － MCHT 求得的 PF 最靠近坐标原点。由于本章模型的两个目标函数均要求越小越好，按照前述对 Pareto 支配概念的定义可知，CMOPSO － MCHT 求得的 Pareto 最优解能够支配其他两种算法求得的最优解。换言之，CMOPSO － MCHT 较其他两种算法求得的 Pareto 最优解更优，具有更好的收敛性。

（2）由图 4 － 4 中的三个子图可以看出，与 M － CMOPSO 相比，CMOPSO － MCHT和 BB － MOPSO 求得的 PF 分布更均匀。

为进一步对比算法性能，根据 4. 4. 1 节的实验设置分别用三种算法各进行 50 次独立运算，得到 4. 4. 2 节中评价指标的均值和标准差统计结果如表

4－8所示（正负号后为标准差）。由表4－8可知：对于TSC指标，CMOPSO－MCHT对M－CMOPSO和BB－MOPSO的TSC均值分别为0.72和0.87，也就是说M－CMOPSO每次求得的Pareto最优集中平均有72%的解被CMOPSO－MCHT求得的解所支配，而对BB－MOPSO这一数据更是高达87%。相反，M－CMOPSO和BB－MOPSO对CMOPSO－MCHT的TSC均值却很小，说明CMOPSO－MCHT具有更好的收敛效果；对于SP指标，CMOPSO－MCHT的SP均值和标准差均最小，说明CMOPSO－MCHT求得的Pareto最优解分布最均匀且最稳定。表4－8中的统计结果与图4－4给出的计算结果一致。

表4－8　三种算法各独立运行50次后的评价指标统计结果

算法	*TSC*			*SP*
	CMOPSO－MCHT	M－CMOPSO	BB－MOPSO	
CMOPSO－MCHT	—	0.72±0.29	0.87±0.18	0.013±0.009
M－CMOPSO	0.13±0.23	—	0.59±0.30	0.022±0.014
BB－MOPSO	0.055±0.14	0.28±0.28	—	0.017±0.013

综上，与其他两种优秀算法相比，本章提出的CMOPSO－MCHT算法收敛性和分布性更优。

为说明CMOPSO－MCHT算法能够针对本章模型形成调运方案，限于篇幅原因，以下仅列出Pareto最优集中应急救援完成时间最短和运输工具平均空载率最低对应的两个Pareto解，其对应的调运方案如表4－9（称为调运方案一）和表4－10（称为调运方案二）所示。调运方案一对应的应急救援完成时间为2.50时，运输工具平均空载率为3.36%；调运方案二对应的应急救援完成时间为2.63时，运输工具平均空载率为1.26%。对比表4－9和表4－10可知，调运方案一所使用的运输工具数量比调运方案二所使用的运输工具数量要多一台汽车。相比于调运方案二，调运方案一增加了S_1这个运输时间较短供应点（详见表4－5）的运输量，从而整体上缩短了应急救援完成时间；相比于调运方案一，调运方案二为了追求较低的运输工具平均空载率，增加了S_3的总运输量，当然这是以增加应急救援完成时间为代价的。从这个角度看，本章模型的两个目标之间彼此制约、相互牵制。

表 4－9　　应急救援完成时间最短时的调运方案

	汽车运量（千克）				直升机运量（千克）				汽车使用量（台）	直升机使用量（架）
S_1	90	85	45	146	0	0	0	0	5	0
S_2	93	17	37	162	159	182	245	33	5	1
S_3	17	31	37	168	0	0	0	0	3	0
S_4	5	39	193	20	185	76	9	129	2	1

表 4－10　　运输工具平均空载率最低时的调运方案

	汽车运量（千克）				直升机运量（千克）				汽车使用量（台）	直升机使用量（架）
S_1	82	84	40	89	0	0	0	0	4	0
S_2	50	0	184	98	186	197	71	85	4	1
S_3	35	21	6	227	0	0	0	0	4	0
S_4	10	78	118	41	186	50	147	118	2	1

上述算例是针对假设的案例进行的演算，在实际应用中可根据现实数据利用本章提出的模型和算法快速形成具有指导性的调运方案。值得一提的是，通过本章算法求解得到的是一个由多个 Pareto 最优解构成的 Pareto 最优集，实践中可由决策者根据实际需要选择其中的某个 Pareto 最优解作为调运方案。

4.5　本章小结

军队抢险救灾应急物流运作过程中，常常会面临多供应点、单需求点应急物资调运方案制订的情况。本章针对现有成果无法解决军队抢险救灾多供应点、单需求点应急物资调运中同时存在的应急物资需求多样、运输工具种类多样但数量有限的现实问题，兼顾单种和多种应急物资需求，综合考虑运输工具种类、数量及其最大载重和最大容积约束的实际情况，构建了以应急救援完成时间最短、运输工具平均空载率最低为目标的军队抢险救灾多供应点、单需求点应急物资调运约束多目标非线性整数规划模型，并根据模型的等式约束、不等式约束和非负整数解空间约束等特点，在 PSO 算法基础上融合多种约束处理技术提出了模型求解的 CMOPSO－MCHT 算法。最后通过算例对本章模型和算法的有效性进行了说明，算例结果表明利用本章所建模型及所提算法可以有效地生成多个 Pareto 最优解（每个 Pareto 最优解代表一个非劣的调运方案），能够为决策者提供必要且可行的决策参考，且 CMOPSO - MCHT 算法的收敛性和分布性均优于其他两种对比算法，其中，M - CMOPSO 算法每次求得的 Pareto 最优解中平均有 72% 的解被 CMOPSO - MCHT 求得的解所支配，而 BB - MOPSO 的这一数据更是高达 87%。

本章模型既考虑了运输工具的最大载重及最大容积约束，又考虑了应急物资需求及运输工具种类的多样性，兼具较强的实用性和通用性，具有较强的实用价值。本章研究内容可以为军队抢险救灾多供应点、单需求点应急物资调运方案的制订提供重要的理论和方法支撑。

5 军队抢险救灾多供应点、多需求点应急物资调运

多供应点、多需求点应急物资调运是军队抢险救灾应急物流运作过程中又一类经常遇到的情形，同时也是军队抢险救灾应急物资调运方案制订过程中必须解决的一个决策问题，其对科学、合理地使用应急物资，及时、高效地开展抢险救援起着举足轻重的作用。尽管目前有关多供应点、多需求点应急物资调运决策模型的研究已取得阶段性成果，但现有成果还存在以下不足。

（1）模型的目标函数有待改进，现有模型大多从时间、成本和未满足需求量三个方面进行考虑，建立单目标或多目标模型，部分从感知满意度、心理风险感知程度等方面进行考虑，但均未考虑需求点对不同应急物资需求紧迫程度的差异。实际上，救灾过程中各需求点在保障规模（被保障对象数量）、保障对象特点（如救灾部队、伤员、受灾人员的比例等）以及应急物资用途（如用于维持正常的生活秩序、预置储备、维持救灾力量）等方面难免存在差异，这种差异使得应急物资对不同需求点的重要程度是有区别的。从需求点角度讲，这种重要程度就表现为对应急物资的需求紧迫程度。定性地讲，对于需求紧迫程度越高（即重要程度越高）的应急物资，理应在最短的时间内获得更多的需求满足，这有利于降低因不分轻重缓急而造成的救灾损失。因此，在对这类具有多个需求点的调运问题进行优化决策时，还应考虑各需求点对应急物资需求紧迫程度的差异。

（2）模型的普适性不强，主要表现在两个方面：一方面现有模型均是在供大于求或供不应求基础上提出的，只能用于特定供需关系条件下的调运决策，通用性较差；另一方面现有模型很少同时考虑运输工具和应急物资种类的多样性，适用范围有限。上述研究存在的不足使得现有研究成果直接用于军队抢险救灾多供应点、多需求点应急物资调运决策还存在一定的局限性。从救灾行动实际出发，既考虑需求点对不同应急物资需求紧迫程度的差异，又考虑应急物资和运输工具种类的多样性，提出能够满足不同供需关系的决

策模型是军队抢险救灾多供应点、多需求点应急物资调运方案制订的现实需要。

为此，本章在现有研究基础上，综合考虑以上陈列的诸多现实情况，重点从优化目标和模型普适性两个方面拓展文献［71］至文献［73］的研究内容，提出用于定量刻画调运方案优劣的应急保障综合评价函数，构建以应急保障综合评价函数值最小为目标的军队抢险救灾多供应点、多需求点应急物资调运非线性整数规划模型，并提出嵌入解构造算法的改进粒子群优化算法（Improved Particle Swarm Optimization Embedded Solution Construction Algorithm，IPSO - SCA）求解模型。

5.1　问题描述

救灾行动中，由于时间紧、任务重，应急物资的消耗呈现规模性和快速性的特点，因此后勤部门调运多个供应点的应急物资满足多点需求的情况时有发生。如在本书第 2 章提出的军队抢险救灾应急物流组织结构中，部署在灾区的多个责任区由于应急物资消耗过大，难以维系后续提出的应急物资需求，部分责任区保障中心下辖的救灾部队等也提出应急物资需求，而对应的责任区保障中心无法进行物资保障，此时面对由多个责任区保障中心、末端救灾部队等构成的多个应急物资需求点，联合保障部必须从后方物资供应点调运物资进行补给。

诸如此类在抢险救灾行动中遇到的通过调运多个供应点的应急物资来满足多点需求的情形可抽象为如图 5 - 1 所示的调运决策问题。图 5 - 1 呈现出不同的网络结构，是因为供应点与需求点间考虑的运输路径分为直达和非直达。图 5 - 1（a）表示某个需求点与供应点之间只有唯一的路径可达（当然，也存在供应点无法到达需求点的可能，如供应点 1 无法到达需求点 2，供应点 2 无法到达需求点 J），即直达运输；而图 5 - 1（b）表示某个需求点与供应点之间不仅考虑了直达运输路径，还考虑了途经其他需求点后最终达到该需求点的可能路径。例如，图 5 - 1（b）中到达需求点 2 的可能路径共计三条，包括供应点 2 出发的直达路径、供应点 I 出发的直达路径以及供应点 1 出发途经需求点 1 后最终到达需求点 2 的路径（图中点虚线所示）。类似地，到达需求点 J 的可能路径也有三条，包括供应点 1 出发的直达路径、供应点 I 出发的直达路径以及供应点 2 出发途经需求点 2 后最终到达需求点 J 的路径（图中虚线所示)。对于图 5－1 (b) 抽象的情形，某个需求点与任意供应点之间的路径数理论上是需求点个数的排列组合数，但实际救灾过程中受道路阻塞或中断的影响，路径数应该是有限的。

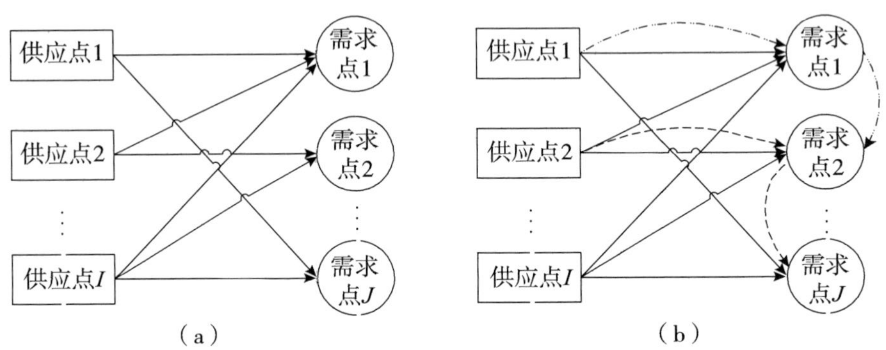

图 5－1 军队抢险救灾多供应点、多需求点应急物资调运网络示意

对比图 5－1 (a) 和图 5－1 (b) 可知，图 5－1 (a) 实质是图 5－1 (b) 的特例。鉴于此，考虑到图 5－1 (b) 所示的网络结构更接近现实情况，本章以图 5－1 (b) 作为研究对象。

具体地，这类问题可描述为：在由多个供应点和多个需求点构成的二级供需网络中，供应点储备有一定种类和一定数量的应急物资，且拥有一定种类和一定数量的运输工具，因灾害对道路的阻塞或中断，每个供应点只能通过有限的路径对需求点进行应急保障。在应急救援过程中的某时刻，多个需求点结合自身应急物资的消耗量和库存量向决策部门提供应急物资需求量(单种或多种)等信息，决策者根据各需求点对各类应急物资的需求紧迫程度以及供应点应急物资的储备种类、总量、运输能力和可达路径，在储备量、最大载重量和最大容积等约束下，确定不同供应点的不同运输工具、不同运输路径下的运输量，使得各需求点所需的应急物资运达时间尽可能早且需求量尽可能得到满足。

为明确研究边界，做如下假设。

(1) 不考虑应急物资的装卸搬运时间。

(2) 节点(包括供应点和需求点)间的行驶时间已知。

(3) 各需求点的需求量信息能及时获取。

(4) 不考虑运输成本(弱经济性)。

(5) 不考虑多次往返运输，且供应点间不存在转运。

（6）应急物资的量以非负整数及其对应的单位进行计量（物资标准化），如20顶帐篷、12箱药品、30床棉被等。

5.2 模型建立

5.2.1 符号说明

1. 集合

$SP = \{i \mid i = 1,2,\cdots,I\}$：供应点序号集，$i$ 为供应点序号，共 I 个供应点。

$SD = \{j \mid j = 1,2,\cdots,J\}$：需求点序号集，$j$ 为需求点序号，共 J 个需求点。

$SV = \{k \mid k = 1,2,\cdots,K\}$：运输工具种类序号集，$k$ 为运输工具种类序号，共 K 种运输工具。

$SA = \{m \mid m = 1,2,\cdots,M\}$：应急物资种类序号集，$m$ 为应急物资种类序号，共 M 种应急物资。

R_k：第 k 种运输工具条件下的所有路径集。

$SR_k = \{r \mid r = 1,2,\cdots,L(k)\}$：$R_k$ 中各路径对应序号集，r 为路径序号，第 k 种运输工具条件下共计 $L(k)$ 条路径。

SR_{ijk}：第 k 种运输工具条件下，第 i 个供应点可到达第 j 个需求点的路径序号集，$SR_{ijk} \subset SR_k$。

2. 参数

P_i：第 i 个供应点。

Q_j：第 j 个需求点。

r：路径序号，$r \in SR_k$。

d_{jm}：Q_j 对第 m 种应急物资的需求量。

ρ_{jm}：Q_j 对第 m 种应急物资的需求紧迫程度。

sup_{im}：P_i 的第 m 种应急物资储备量。

av_{ik}：P_i 的第 k 种运输工具拥有量。

t_{ijrk}：P_i 运用第 k 种运输工具经第 r 条路径运输应急物资至 Q_j 的运输时间。

q_m：第 m 种应急物资的单位质量。

v_m：第 m 种应急物资的单位体积。

qc_k：第 k 种运输工具的最大载重量。

vc_k：第 k 种运输工具的最大容积。

3. 变量

x_{ijmrk}：决策变量，表示运用第 k 种运输工具从 P_i 出发沿第 r 条路径运输第 m 种应急物资到 Q_j 的应急物资量。

η_{irk}：中间变量，表示运用第 k 种运输工具从 P_i 出发沿第 r 条路径运输应急物资所需要的运输工具数量。

5.2.2 应急保障综合评价函数

在既考虑应急物资和运输工具种类多样性，又考虑路径问题的军队抢险救灾多供应点、多需求点应急物资调运决策中，由于各种约束条件的限制，常常出现同种物资需求不能一次性满足的情况，即分批到货。此时，如何定量地刻画调运方案的优劣成为决策模型的重点和难点。从需求点角度讲，其所需应急物资获得的保障情况应考虑需求满足的时间指标和需求满足的数量指标，既希望获得保障的时间尽可能短，又希望需求的满足率尽可能高。本章借鉴文献［83］对受灾人员损失函数的定义，得到第 j 个需求点的第 m 种应急物资对应的应急保障评价函数 s_{jm}，如式（5－1）所示。

$$s_{jm} = \begin{cases} \dfrac{\sum\limits_{i \in SP}\sum\limits_{k \in SV}\sum\limits_{r \in SR_k} x_{ijmrk} \cdot t_{ijrk}}{\sum\limits_{i \in SP}\sum\limits_{k \in SV}\sum\limits_{r \in SR_k} x_{ijmrk}} \cdot \dfrac{d_{jm}}{\sum\limits_{i \in SP}\sum\limits_{k \in SV}\sum\limits_{r \in SR_k} x_{ijmrk}} & d_{jm} > 0 \\ 0 & d_{jm} = 0 \end{cases} \quad \forall j \in SD, m \in SA \tag{5-1}$$

在式（5－1）中，当 $d_{jm} > 0$ 时，s_{jm} 是运达时间均值（式中第一项）以及需求满足率的倒数（式中第二项）两项的乘积，由于式中第二项为无量纲因子，因此 s_{jm} 本质上表达的就是第 j 个需求点的第 m 种应急物资获得应急保障的综合响应时间，第二项可视为惩罚系数；当 $d_{jm} = 0$ 时，$s_{jm} = 0$。分析式（5－1）可知，s_{jm} 与 Q_j 的第 m 种应急物资平均运达时间和需求满足率密切相关，综合体现了需求满足的时间指标和需求满足的数量指标。不难发现，s_{jm} 的取值越小越好，这表示 Q_j 的第 m 种应急物资运达时间越及时，其需求满足率越高。

式（5－1）只是给出了各需求点所需应急物资受保障情况的评价函数，

对于整个调运方案而言，考虑不同需求点间可能存在的应急物资需求紧迫程度差异，可建立如式（5－2）所示的应急保障综合评价函数，用于综合评定整个调运方案的应急保障情况。

$$f=\sum_{j\in SD}\sum_{m\in SA}\rho_{jm}\cdot s_{jm} \tag{5－2}$$

式（5－2）中，ρ_{jm} 用于定量描述不同需求点对不同应急物资的需求紧迫程度，值越大说明应急物资的需求越紧迫，体现了第 m 种应急物资对 Q_j 的重要程度，在式（5－2）中可视为差异系数，反映了具有不同需求紧迫程度的应急物资对各需求点综合响应时间的差异。

5.2.3 数学模型

综上，构建的军队抢险救灾多供应点、多需求点应急物资调运模型如下。

目标函数：

$$\min f=\sum_{j\in SD}\sum_{m\in SA}\rho_{jm}\cdot s_{jm} \tag{5－3}$$

约束条件：

$$\sum_{i\in SP}\sum_{k\in SV}\sum_{r\in SR_k}x_{ijmrk}\leqslant d_{jm}\quad \forall j\in SD,m\in SA \tag{5－4}$$

$$\sum_{j\in SD}\sum_{k\in SV}\sum_{r\in SR_k}x_{ijmrk}\leqslant sup_{im}\quad \forall i\in SP,m\in SA \tag{5－5}$$

$$\sum_{j\in SD}\sum_{m\in SA}x_{ijmrk}\cdot q_m\leqslant \eta_{irk}\cdot qc_k\quad \forall i\in SP,k\in SV,r\in SR_k \tag{5－6}$$

$$\sum_{j\in SD}\sum_{m\in SA}x_{ijmrk}\cdot v_m\leqslant \eta_{irk}\cdot vc_k\quad \forall i\in SP,k\in SV,r\in SR_k \tag{5－7}$$

$$\sum_{r\in SR_k}\eta_{irk}\leqslant av_{ik}\quad \forall i\in SP,k\in SV \tag{5－8}$$

$$x_{ijmrk}=0\quad \forall i\in SP,j\in SD,m\in SA,k\in SV,r\in SR_k\text{ 且 }r\notin SR_{ijk} \tag{5－9}$$

$$x_{ijmrk} \geqslant 0 \text{ 且为整数}, \forall i \in SP, j \in SD, m \in SA, k \in SV, r \in SR_k \tag{5-10}$$

式（5－3）为目标函数，表示应急保障综合评价函数值最小；式(5－4)至式（5－10）为约束条件。其中，式（5－4）是需求约束，表示所有供应点不同运输工具条件下的所有可能路径向 Q_j 供应第 m 种应急物资的总量不大于 Q_j 对第 m 种应急物资的需求量；式（5－5）是储备量约束，表示 P_i 不同运输工具条件下的所有可能路径运出的第 m 种应急物资的总量不大于 P_i 的第 m 种应急物资储备量；式（5－6）是最大载重量约束，表示运用第 k 种运输工具从 P_i 出发经第 r 条路径运输应急物资的总质量不大于所使用运输工具的总载重量；式（5－7）是最大容积约束，表示运用第 k 种运输工具从 P_i 出发经第 r 条路径运输应急物资的总体积不大于所使用运输工具的总容积；式(5－8)是运输工具拥有量约束，表示 P_i 对第 k 种运输工具的实际使用量不超过 P_i 所拥有的第 k 种运输工具总量；式（5－9）表示运用第 k 种运输工具从 P_i 出发，若第 r 条路径不可到达 Q_j，则其对应运输量取值为0；式（5－10）表示决策变量取非负整数。

5.2.4 模型分析

上述模型具有较强的普适性，主要表现在以下四个方面。

（1）模型同时考虑了应急物资和运输工具种类的多样性，使其既可解决单种应急物资需求或单一运输工具条件下的调运问题，还可解决多种应急物资需求或多种运输工具条件下的调运问题。

（2）模型还同时考虑了运输工具的最大载重量和最大容积约束，符合应急物资调运的现实需要。

（3）如5.1节所述，本章模型针对的是图5－1（b）的情形，而图5－1（a）本质上是图5－1（b）的特例。因此，本章模型既适用于仅考虑供需点直达的应急物资调运，也适用于具有多条不同路径情形下的应急物资调运。

（4）在式（5－1）至式（5－4）的综合作用下，模型既适用于供大于求也适用于供不应求的情况。当供大于求时，由于式（5－4）的约束，不会为追求目标式（5－3）而导致需求被过量满足；当供不应求时，由于式(5－3)以及式（5－1）的目标驱动，致使需求量应尽可能地得到满足，否则将导致目标值过大，不符合决策要求。

（1）和（2）表明模型具有较强的实用性，（3）和（4）表明模型具有较强的通用性。综上，上述模型具有较强的普适性。

5.3 模型求解

上述模型是非线性整数规划模型。目前，有关非线性整数规划模型的求解尚缺乏有效的通用算法，主流的求解思路是根据模型特点设计相应的进化算法。然而，针对上述模型进行直接的进化算法设计是不现实的，原因在于上述模型决策变量维度（角标）较多，很难找到一种合理的编码方案来实现决策变量与进化个体之间的有效映射。

鉴于此，本章延续第4章模型求解部分的研究内容，通过引入中间变量，并针对该变量的整数约束和区间约束，对粒子群优化算法中的速度更新策略进行改进，提出改进的粒子群优化（Improved Particle Swarm Optimization，IPSO）算法，以此作为模型求解的主算法。在此基础上，为进一步求得决策变量值，提出解构造算法（Solution Construction Algorithm，SCA）实现种群进化过程中各粒子（个体）的解构造。

5.3.1 粒子编码

设中间变量 y_{jm}，其表示 Q_j 的第 m 种应急物资实际达到量。由式（5－4）和式（5－10）可知，中间变量应满足式（5－11）的区间约束和整数约束。

$$0 \leqslant y_{jm} \leqslant d_{jm} \text{ 且为整数}, \forall j \in SD, m \in SA \tag{5-11}$$

用 $X = (X_1, X_2, \cdots, X_N)$ 表示粒子群，记第 q 个粒子为 $X_q = (X_{q1}, X_{q2}, \cdots, X_{qD})$，$D$ 为粒子总维数，$q = 1, 2, \cdots, N$，N 为种群规模。X_q 按式（5－12）进行整数编码，各维取值需满足式（5－11）给出的区间约束。第 q 个粒子速度 V_q 编码方式与 X_q 的编码类似，但粒子速度的各维取值为整数。粒子维数 g（$g = 1, 2, \cdots, D$）与 j, m 之间的关系由式（5－13）给出。

$$\overbrace{y_{11}, y_{12}, \cdots, y_{1M}}^{\text{第1个需求点}}, \overbrace{y_{21}, y_{22}, \cdots, y_{2M}}^{\text{第2个需求点}}, \cdots, \overbrace{y_{J1}, y_{J2}, \cdots, y_{JM}}^{\text{第}J\text{个需求点}} \tag{5-12}$$

$$g = (j-1)M + m, j \in SD, m \in SA \tag{5-13}$$

5.3.2 速度更新策略

记 s 为迭代次数；c_1^s，c_2^s 为第 s 代的学习因子，本章算法按照式（5－14）进行动态取值，$c_{\max}$ 和 $c_{\min}$ 分别为学习因子初始最大值、最小值；w^s 为第 s 代的惯性权重，本章算法按照式（5－15）进行动态更新；T 为总迭代次数，$s=1,2,\cdots,T$；V_q^s 和 XP_q^s 分别表示第 s 代种群中第 q 个粒子的速度和个体最优位置；XG_q^s 表示第 s 代种群的全局最优位置。

$$c_1^s = c_2^s = c_{\max} - \frac{c_{\max} - c_{\min}}{T} \cdot s \tag{5-14}$$

$$w^s = 0.5 + \frac{1}{2[\ln(s) + 1]} \tag{5-15}$$

考虑到中间变量的整数约束，根据 PSO 算法中粒子速度更新的基本原理（实数域的线性组合公式）可知，IPSO 算法中粒子的速度应更新为 $[V_a, V_b]$ 内的随机整数。区间下界 V_a 和上界 V_b 分别由式（5－16）和式（5－17）给出，$round$ 表示四舍五入取整。

$$\begin{aligned} V_a = {} & round(w^s \cdot V_{qg}^s) + \min\{0, round[c_1^s(XP_{qg}^s - X_{qg}^s)]\} + \\ & \min\{0, round[c_2^s(XG_g^s - X_{qg}^s)]\} \end{aligned} \tag{5-16}$$

$$\begin{aligned} V_b = {} & round(w^s \cdot V_{qg}^s) + \max\{0, round[c_1^s(XP_{qg}^s - X_{qg}^s)]\} + \\ & \max\{0, round[c_2^s(XG_g^s - X_{qg}^s)]\} \end{aligned} \tag{5-17}$$

值得注意的是，粒子的速度按照上述给定的 $[V_a, V_b]$ 进行随机取整更新还不能确保更新后的粒子位置 X_{qg}^{s+1} 满足式（5－11）的区间约束。为保证更新后的粒子位置仍然位于可行解空间，还需对 V_a 和 V_b 进行调整。具体调整策略如表 5－1 所示，C 表示进行调整的条件，S 表示具体的调整策略，&& 为关系运算符，表示“且”。表 5－1 中，$(V_a + X_{qg}^s) \leqslant 0$ 条件下，另分为两种情况进行调整。

表 5－1　　　　　　速度更新区间上、下界调整策略

<table>
<tr><td rowspan="2">C</td><td colspan="2">$(V_a+X_{qg}^s)\leqslant 0$</td><td rowspan="2">$(V_a+X_{qg}^s)>0$
&& $(V_a+X_{qg}^s)\leqslant d_{jm}$
&& $(V_b+X_{qg}^s)>d_{jm}$</td><td rowspan="2">$(V_a+X_{qg}^s)>d_{jm}$</td></tr>
<tr><td>$(V_b+X_{qg}^s)\leqslant 0$</td><td>$(V_b+X_{qg}^s)>d_{jm}$</td></tr>
<tr><td>S</td><td>$V_a=V_b=-X_{qg}^s$</td><td>$V_a=-X_{qg}^s$
$V_b=d_{jm}-X_{qg}^s$</td><td>$V_b=d_{jm}-X_{qg}^s$</td><td>$V_a=d_{jm}-X_{qg}^s$
$V_b=d_{jm}-X_{qg}^s$</td></tr>
</table>

V_{qg}^{s+1} 在经调整后的取值区间内随机取整数值，然后再按式（5－18）进行位置更新，便可得到新一代粒子。

$$X_{qg}^{s+1}=X_{qg}^s+V_{qg}^{s+1} \tag{5-18}$$

对比 4.3.4 节可知，式（5－14）至式（5－18）与该部分有些雷同，这是因为本章模型求解算法延续了第 4 章的 PSO 算法，且本章模型的决策变量同样要求为非负整数。

5.3.3　解构造算法

由粒子编码可知，种群中的粒子 X_q^s 只表达了各需求点的各类应急物资实际到达量，但未明确表征决策变量 x_{ijmrk} 的取值。为确定 X_q^s 所表达的各路径承担的各类应急物资运输量，本节以式（5－3）为目标，以式（5－5）至式（5－10）以及式（5－19）为约束，采用 YALMIP 工具箱建模并调用求解器实现对 X_q^s 的解构造。作为 MATLAB 的工具箱，YALMIP 因封装了诸多建模所需的函数，使用者只需以简单的范式命令便可实现模型目标及约束条件的表达，并调用目前通用的求解器求解模型。

$$\sum_{i\in SP}\sum_{k\in SV}\sum_{r\in SR_k}x_{ijmrk}=y_{jm}\quad \forall j\in SD, m\in SA \tag{5-19}$$

解构造算法实现步骤如下：

Step 1：根据 R_k 对不同运输工具条件下的所有路径进行编号，得到集合 SR_k；

Step 2：根据集合 SR_k 的规模以及 I、J、M 的取值，调用 IntVar 命令定义决策变量；

Step 3：根据定义的决策变量，表达目标函数式（5－3），约束条件式

（5－5）至式（5－10）及式（5－19）；

Step 4：调用 solvesdp 命令求解模型，得到粒子 X_q^s 对应的解 SL_q^s 及目标函数值 f_q^s。

5.3.4 实现步骤

根据5.3.1至5.3.3节内容，可将模型求解算法（IPSO－SCA）的实现步骤描述如下：

Step 1：设置参数 T，N，$c_{\max}$ 和 $c_{\min}$。令 $s = 1$，按5.3.1节的编码方案，随机生成粒子位置 X_q^s、速度 V_q^s，$q = 1,2,\cdots,N$，得到初始化种群 X。调用5.3.3节实现粒子 X_q^s 的解构造，得到该粒子对应的目标函数值 f_q^s。初始化个体最优位置 $XP_q^s = X_q^s$。初始化全局最优位置 XG^s 为 X 中目标函数最优的粒子位置。

Step 2：更新 w^s，c_1^s，c_2^s。按照 $q = 1,2,\cdots,N$ 的顺序，对第 q 个粒子依次执行以下操作：

（1）根据5.3.2节得到更新后的粒子速度 V_q^{s+1} 和位置 X_q^{s+1}。

（2）根据5.3.3节实现粒子 X_q^{s+1} 的解构造，得到该粒子对应的目标函数值 f_q^{s+1}。

（3）根据 f_q^s 和 f_q^{s+1}，更新个体最优位置 XP_q^{s+1}。

Step 3：根据 XP_q^{s+1}（$q = 1,2,\cdots,N$）和 XG^s，得到更新后的全局最优位置 XG^{s+1}。

Step 4：若 $s < T$，令 $s = s + 1$，返回Step2；否则，转Step5。

Step 5：输出 XG^{s+1}，并根据5.3.3节实现 XG^{s+1} 的解构造，得到最终解。

5.4 数值算例

5.4.1 算例设置

在某次抢险救灾行动中，假定某时刻有10个需求点 $Q_1 \sim Q_{10}$（此处需求点可能是某救灾部队，也可能是某责任区保障中心）分别提出帐篷、棉被、衣物和食品四种应急物资需求，各需求点对四种应急物资的需求量如表5－2所示，其中 Q_8 和 Q_9 对衣物的需求量为0。设供应点对每种应急物资需求的紧迫程度分为四个等级：特别紧急、紧急、一般和不急，分别用4、3、2、1四个数值进行定量刻画，对应的本例中各需求点对四种应急物资的需求紧迫程度如表 5 –3 所示。

所有的需求信息汇总至联合保障部，联合保障部根据需求点的地理位置等信息获知现有 5 个供应点 P_1 ~ P_5（此处供应点可能是灾区内的供应商、中转配送中心或后方仓库等）储备有所需应急物资，并可进行调运保障。设 P_1 ~P_5 配备的运输工具主要是 X 型汽车和 X 型直升机，已知各供应点配备的各种运输工具数量如表 5 –4 所示。四种应急物资的单位质量和单位体积参数如表 5 –5 所示。两种运输工具的最大载重量和最大容积如表 5 –6 所示。

表 5 –2　　各需求点对四种应急物资的需求量

d_{jm}	帐篷（顶）	棉被（床）	衣物（十件）	食品（箱）
Q_1	10	2	49	117
Q_2	13	1	21	23
Q_3	8	9	42	69
Q_4	27	10	76	96
Q_5	29	5	54	43
Q_6	20	14	5	38
Q_7	6	14	68	52
Q_8	24	14	0	90
Q_9	11	19	0	69
Q_{10}	13	9	62	48

表 5 –3　　各需求点对四种应急物资的需求紧迫程度

ρ_{jm}	帐篷	棉被	衣物	食品
Q_1	4	3	1	4
Q_2	2	1	3	1
Q_3	3	1	2	2
Q_4	3	1	3	2
Q_5	1	4	3	3

续　表

ρ_{jm}	帐篷	棉被	衣物	食品
Q_6	1	4	3	3
Q_7	3	3	3	4
Q_8	2	1	1	2
Q_9	4	3	3	1
Q_{10}	4	1	4	1

表 5－4　　各供应点各种运输工具拥有量

av_{ik}	汽车（台）	直升机（架）
P_1	3	1
P_2	3	2
P_3	4	2
P_4	6	2
P_5	3	0

表 5－5　　各类应急物资单位质量、单位体积

应急物资	单位质量（千克）	单位体积（立方米）
帐篷（顶）	30	1. 1
棉被（床）	6	0. 15
衣物（十件）	5	0. 3
食品（箱）	10	0. 5

表 5－6　　各种运输工具最大载重量和最大容积

	最大载重量（千克）	最大容积（立方米）
汽车	5000	40
直升机	8000	600

供应点 P_1 ~ P_5 与需求点 Q_1 ~ Q_{10} 的位置分布如图 5－2 所示，方框代表

供应点、圆圈代表需求点，由于灾害带来的道路阻塞和中断，各供应点只能通过有限的路径达到各需求点。具体地，汽车运输条件下各节点间的行驶时间矩阵如表5－7所示，汽车运输条件下各供应点到需求点的行驶路径集如表5－8所示，根据表5－7可计算得到表5－8中各条路径上任意两点间的行驶时间；直升机运输条件下各节点间的行驶时间矩阵如表5－9所示，直升机运输条件下各供应点到需求点的行驶路径集如表5－10所示，根据表5－9可计算得到表5－10中各条路径上任意两点间的行驶时间。另外，在表5－7和表5－9中，符号“－”表示行驶时间为无穷大，即不可运达。

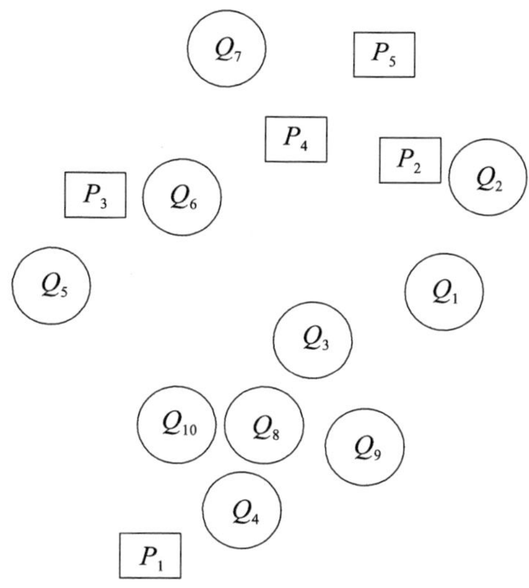

图5－2　供应点与需求点的位置分布

为了对比说明本章模型既适用于供大于求也适用于供不应求情况下的调运决策，本节设置两个算例（算例Ⅰ和算例Ⅱ），算例Ⅰ和算例Ⅱ仅在供应点的四类应急物资储备量上有区别，其余数据完全一致。算例Ⅰ考虑供大于求情况下的调运决策，其对应各点的储备量如表5－11所示；算例Ⅱ考虑供不应求情况下的调运决策，其对应各点的储备量如表5－12所示。由表5－11和表5－12可知，供大于求情况下5个供应点对四种应急物资的总储备量为（212，114，489，831），供不应求情况下5个供应点对四种应急物资的总储备量为（148，97，320，542），而由表5－2可知，10个需求点的总需求量为（161，97，377，645）。由此可见，算例Ⅰ中每种应急物资的供应总量均大于其对应的需求量，而算例Ⅱ中每种应急物资的供应总量均不大于其对应的需求量。

表 5 –7　　汽车运输条件下各节点间的行驶时间矩阵

	P_1	P_2	P_3	P_4	P_5	Q_1	Q_2	Q_3	Q_4	Q_5	Q_6	Q_7	Q_8	Q_9	Q_{10}
P_1	0	–	–	–	–	77	105	27	15	105	112	147	18	24	18
P_2	–	0	–	–	–	25	14	133	126	26	32	42	133	140	119
P_3	–	–	0	–	–	98	112	112	98	14	8	24	45	51	15
P_4	–	–	–	0	–	24	34	119	119	34	30	40	54	57	51
P_5	–	–	–	–	0	147	56	154	66	108	96	48	69	75	63
Q_1	77	25	98	24	147	0	12	165	–	163	–	–	–	–	201
Q_2	105	14	112	34	56	14	0	–	–	163	–	–	–	–	–
Q_3	27	133	112	119	154	92	–	0	–	–	–	–	–	18	–
Q_4	15	126	98	119	66	–	–	–	0	–	–	–	8	12	9
Q_5	105	26	14	34	108	–	–	–	–	0	12	28	–	–	–
Q_6	112	32	8	30	96	–	–	–	–	10	0	34	–	–	–
Q_7	147	42	24	40	48	52	50	–	–	48	50	0	–	–	–
Q_8	18	133	45	54	69	–	–	22	8	–	–	–	0	16	7
Q_9	24	140	51	57	75	–	–	18	10	–	–	–	8	0	–
Q_{10}	18	119	15	51	63	–	–	21	9	–	–	–	7	15	0

表 5 –8　　汽车运输条件下各供应点到需求点的行驶路径集

P_1	P_2	P_3	P_4	P_5
Q_2	Q_1	Q_1	Q_2	Q_2
Q_3	Q_3	Q_5	Q_6	Q_4
Q_6	Q_6	Q_8	Q_8	Q_6
Q_8	Q_8	Q_9	Q_9	Q_8
Q_{10}	Q_9	Q_{10} Q_4	Q_3 Q_9	Q_9
Q_1 Q_2	Q_5 Q_6	Q_3 Q_1 Q_2	Q_5 Q_6	Q_3 Q_9
Q_9 Q_3	Q_{10} Q_4	Q_6 Q_5 Q_7	Q_7 Q_6 Q_5	Q_5 Q_6

续　表

P_1	P_2	P_3	P_4	P_5
Q_1 Q_5 Q_6	Q_7 Q_6 Q_5	Q_7 Q_1 Q_2	Q_1 Q_2 Q_5 Q_6	Q_7 Q_2 Q_1
Q_4 Q_{10} Q_3	Q_4 Q_9 Q_8 Q_{10}	Q_2 Q_1 Q_3 Q_9	Q_4 Q_9 Q_8 Q_{10}	Q_7 Q_5 Q_6
Q_5 Q_6 Q_7	Q_2 Q_1 Q_3 Q_9 Q_8 Q_4 Q_{10}	Q_4 Q_9 Q_8 Q_{10}	Q_{10} Q_4 Q_9 Q_8 Q_3	Q_1 Q_2 Q_5 Q_6
Q_7 Q_2 Q_1	Q_2 Q_1 Q_{10} Q_4 Q_8 Q_9 Q_3			Q_4 Q_8 Q_9 Q_3
Q_4 Q_8 Q_{10} Q_9 Q_3				Q_{10} Q_8 Q_9 Q_4

表5－9　　　　直升机运输条件下各节点间的行驶时间矩阵

	P_1	P_2	P_3	P_4	P_5	Q_1	Q_2	Q_3	Q_4	Q_5	Q_6	Q_7	Q_8	Q_9	Q_{10}
P_1	0	–	–	–	–	–	23	7	–	–	30	–	–	–	–
P_2	–	0	–	–	–	–	4	21	–	–	10	–	–	–	–
P_3	–	–	0	–	–	–	24	31	–	–	3	–	–	–	–
P_4	–	–	–	0	–	–	8	9	–	–	10	–	–	–	–
P_5	–	–	–	–	0	–	12	15	–	–	14	–	–	–	–
Q_1	–	–	–	–	–	0	–	–	–	–	–	–	–	–	–
Q_2	23	4	24	8	12	–	0	15	–	–	12	–	–	–	–
Q_3	7	21	31	25	15	–	15	0	–	–	24	–	–	–	–
Q_4	–	–	–	–	–	–	–	–	0	–	–	–	–	–	–
Q_5	–	–	–	–	–	–	–	–	–	0	–	–	–	–	–
Q_6	30	10	3	10	14	–	12	24	–	–	0	–	–	–	–
Q_7	–	–	–	–	–	–	–	–	–	–	–	0	–	–	–
Q_8	–	–	–	–	–	–	–	–	–	–	–	–	0	–	–
Q_9	–	–	–	–	–	–	–	–	–	–	–	–	–	0	–
Q_{10}	–	–	–	–	–	–	–	–	–	–	–	–	–	–	0

表 5－10　直升机运输条件下各供应点到需求点的行驶路径集

P_1	P_2	P_3	P_4	P_5
Q_2	Q_2	Q_2	Q_2	Q_2
Q_3	Q_3	Q_3	Q_3	Q_3
Q_6	Q_6	Q_6	Q_6	Q_6

表 5－11　算例Ⅰ中各供应点各类应急物资储备量

sup_{im}	帐篷（顶）	棉被（床）	衣物（十件）	食品（箱）
P_1	30	16	69	117
P_2	28	15	64	108
P_3	46	25	106	181
P_4	69	37	160	271
P_5	39	21	90	154

表 5－12　算例Ⅱ中各供应点各类应急物资储备量

sup_{im}	帐篷（顶）	棉被（床）	衣物（十件）	食品（箱）
P_1	21	14	46	77
P_2	30	20	65	110
P_3	33	22	72	123
P_4	25	16	53	90
P_5	39	25	84	142

在对比算法方面，正如前文所述，现有的用于求解非线性整数规划模型的进化算法无法直接求解本章模型。但为了验证 IPSO－SCA 算法（以下简称 IPSO－SCA）的有效性，延续 IPSO－SCA 的求解思路，考虑将 5.3.3 节提出的 SCA 算法嵌入文献［143］的结合正交杂交的离散粒子群优化算法（OXIPSO），形成对比算法 OXIPSO－SCA，通过两种算法的对比来验证 IPSO－SCA 对粒子群优化算法的改进是有效的。这两种算法的源代码详见附录三。

两种算法公共参数设置：$T = 50$，$N = 100$。IPSO－SCA 私有参数：$c_{\max} = 1.5$，$c_{\min} = 0.5$；OXIPSO－SCA 私有参数参照文献［146］进行设置：惯性权

重 $w_{max}=0.9$ 、$w_{min}=0.1$ ，学习因子 $c_1=c_2=2$ ，收缩因子 $\lambda=0.45+r_1(0.729-0.45)$ ，$r_1\in(0,1)$ ，算例Ⅰ和算例Ⅱ用到的两水平正交杂交表为 $L_{64}(2^{40})$ 。

5.4.2　结果分析

根据上述算例设置，以 MATLAB R2010a 为运算平台对本章提出的模型及算法进行编程，并实现对算例Ⅰ和算例Ⅱ的运算，最后得到算例Ⅰ和算例Ⅱ对应的收敛曲线，如图 5－3 和图 5－4 所示。

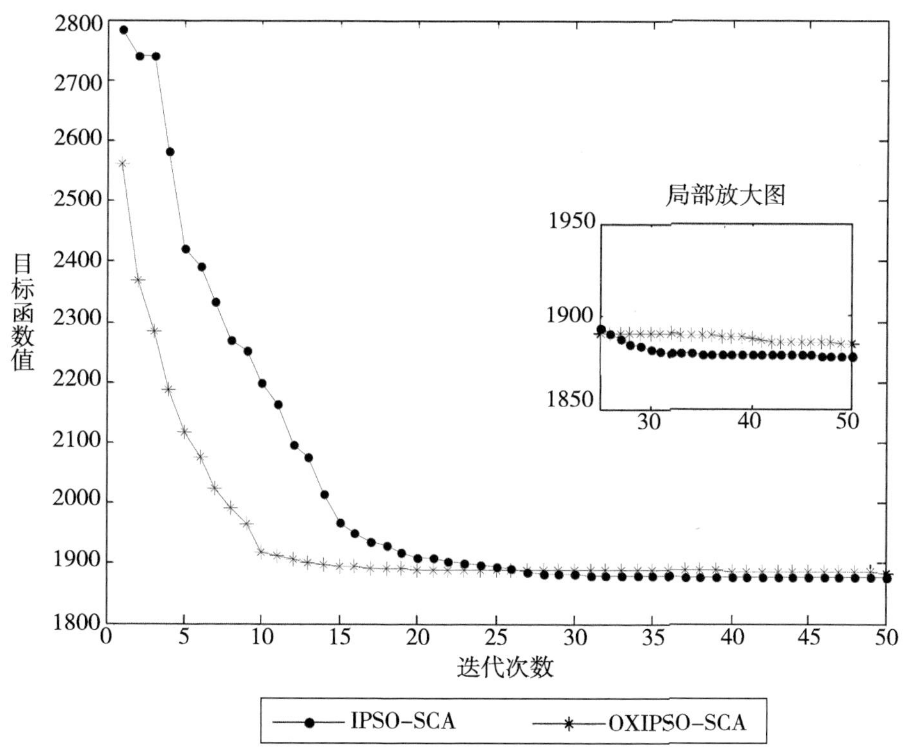

图 5－3　两种算法在算例Ⅰ中的收敛曲线

对于算例Ⅰ，目标函数值最小对应的调运方案如表 5－13 所示。由表 5－13可知，尽管供应点与需求点之间的路径可能不止一条，但方案会优先选择供应点与需求点之间最便捷的路径进行调运保障。如从 P_3 出发，可通过两条路径达到 Q_4 ，可以途径 Q_{10} 到达 Q_4 或直达 Q_4 ，由于直达 Q_4 所需时间更长，因此选择了途径 Q_{10} 到达 Q_4 的这条路径，这也形成了本方案中由 P_3 出

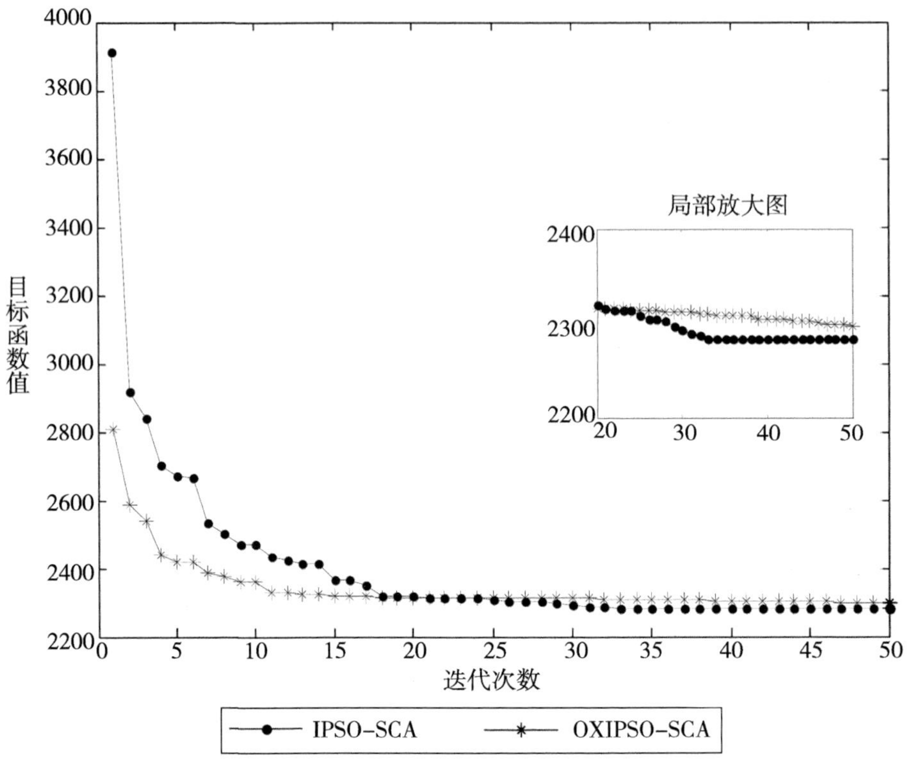

图 5-4　两种算法在算例Ⅱ中的收敛曲线

发，经路径 Q_{10} Q_4 运出的应急物资一部分用于满足 Q_{10} 需求，另一部分用于满足 Q_4 需求的情况。深入分析算例Ⅰ的调运方案可知，供应点 P_1、P_2 和 P_3 的所有储备物资均将被运出，P_4 剩余的应急物资量为（12，3，29，77），而 P_5 的四种应急物资并未被列入此调运方案中。从需求满足情况看，需求点 Q_1、Q_2、Q_3、Q_5、Q_6 和 Q_7 的四种应急物资均得到满足，只有 Q_4、Q_8、Q_9 和 Q_{10} 四个需求点的部分应急物资未被完全满足，差额分别为（0，2，7，33）、（0，0，0，8）、（0，2，0，0）和（0，3，0，4），Q_4 第四种应急物资的未满足率最高，为 34.4%，Q_{10} 的第二种应急物资未满足率次之，为 33.3%，其余未满足率均不大于 10%。从未被满足的应急物资需求紧迫程度看，结合 Q_4、Q_8、Q_9 和 Q_{10} 对四种应急物资的需求紧迫程度可知，上述未完全满足需求的各点应急物资均不属于特别紧急的应急物资。P_4 和 P_5 还有剩余的应急物资可供调运但却未最终完全地满足所有的需求的原因如下。①受运输能力的约束，P_4

已经没有可使用的运输工具；② Q_4 、Q_8 、Q_9 和 Q_{10} 四个需求点的需求满足率已较高，而 P_5 与这四个需求点之间所有路径的运输时间都较长（见表5－7），此时若考虑继续调运 P_5 用以追求更大的需求满足率，势必增加整个方案的时间成本（换言之即以高额的时间成本换取有限的需求满足率），在本章模型要求的运达时间尽可能短、需求尽可能得到满足的目标驱使下，最终在运达时间和需求满足率之间进行了折中。由此可见，对于算例Ⅰ，即供大于求的情况，本章模型及算法形成的调运方案会以最便捷的路径实现对各需求点各类应急物资的调运保障；然而受运输能力的约束以及运达时间和需求满足率两目标之间的相互制约，需求点的应急物资存在不能被完全满足的可能，但总体而言需求的满足率普遍较高，且特别紧急的应急物资需求将全部得到满足。

对于算例Ⅱ，目标函数值最小对应的调运方案如表 5－14 所示。由表 5－14可知，方案同样会优先选择供应点与需求点之间最便捷的路径进行调运保障。深入分析本方案可知，供应点 P_1 、P_3 和 P_4 的所有储备物资均将被运出，只有 P_2 和 P_5 的部分应急物资未被运出，P_2 剩余（0，3，0，0），P_5 剩余（13，3，0，46）。对于各个需求点而言，只有 Q_7 的四种应急物资全部得到了满足，Q_1 还差（0，0，10，0），Q_2 还差（2，0，0，1），Q_3 还差（0，0，17，27），Q_4 还差（0，0，14，0），Q_5 还差（9，0，1，0），Q_6 还差（15，0，1，20），Q_8 还差（0，0，0，33），Q_9 还差（0，5，0，46），Q_{10} 还差（0，1，14，22）。从各供应点剩余的应急物资数量来看，整个调运方案会将各供应点的应急物资最大限度地运出，以追求各需求点需求满足率的提高，进而降低目标函数值。值得一提的是，对于这类原本需求满足率不会太高的情况，方案会以部分的时间成本来换取需求满足率的提升，如方案中从 P_5 出发的路径 Q_4 Q_8 Q_9 Q_3 ，尽管其时间相对较长，但若不再对 Q_4 、Q_8 两个需求点进行物资保障，势必会造成这两个需求点的需求满足率过低，进而造成目标值过高。对照各需求点对四种应急物资的需求紧迫程度可知，上述各需求点对需求特别紧急的应急物资基本得到了满足。由此可见，对于算例Ⅱ，即供不应求的情况，本章模型及算法形成的调运方案同样会根据各供应点的现有储备量，尽最大可能地以最便捷的路径实现对各需求点的调运保障。

表 5－13　　算例Ⅰ的调运方案

供应点	运输工具	路径	到达节点	运量
P_1	汽车	Q_9 Q_3	Q_9	(11，16，0，41)
		Q_4 Q_{10} Q_3	Q_4	(19，0，2，37)
		Q_4 Q_8 Q_{10} Q_9 Q_3	Q_4 / Q_8	(0，0，67，26) / (0，0，0，13)
P_2	汽车	Q_1	Q_1	(0，0，7，85)
		Q_5 Q_6	Q_5	(15，0，36，0)
	直升机	Q_2	Q_2	(13，1，21，23)
		Q_6	Q_6	(0，14，0，0)
P_3	汽车	Q_5	Q_5	(8，5，18，43)
		Q_8	Q_8	(15，0，0，47)
		Q_{10} Q_4	Q_{10} / Q_4	(13，6，62，1) / (4，8，0，0)
		Q_7 Q_1 Q_2	Q_7	(6，6，21，52)
	直升机	Q_6	Q_6	(0，0，5，38)
P_4	汽车	Q_8	Q_8	(9，14，0，22)
		Q_9	Q_9	(0，1，0，28)
		Q_5 Q_6	Q_5	(6，0，0，0)
		Q_7 Q_6 Q_5	Q_7	(0，8，47，0，)
		Q_1 Q_2 Q_5 Q_6	Q_1	(10，2，42，32)
		Q_{10} Q_4 Q_9 Q_8 Q_3	Q_{10} / Q_4	(0，0，0，43) / (4，0，0，0)
	直升机	Q_3	Q_3	(8，9，42，69)
		Q_6	Q_6	(20，0，0，0)
P_5	—	—	—	—

表 5－14　　算例Ⅱ的调运方案

供应点	运输工具	路径	到达节点	运量
P_1	汽车	Q_8	Q_8	(0，0，0，54)
		Q_9 Q_3	Q_9	(11，14，0，23)
		Q_4 Q_8 Q_{10} Q_9 Q_3	Q_4	(10，0，46，0)

续 表

供应点	运输工具	路径	到达节点	运量
P_2	汽车	Q_1	Q_1	(0, 2, 11, 86)
		Q_5 Q_6	Q_5	(19, 0, 33, 2)
	直升机	Q_2	Q_2	(11, 1, 21, 22)
		Q_6	Q_6	(0, 14, 0, 0)
P_3	汽车	Q_5	Q_5	(1, 5, 20, 41)
		Q_8	Q_8	(8, 0, 0, 0)
		Q_{10} Q_4	Q_{10}	(13, 8, 48, 20)
		Q_7 Q_1 Q_2	Q_7	(6, 9, 0, 44)
	直升机	Q_6	Q_6	(5, 0, 4, 18)
P_4	汽车	Q_8	Q_8	(7, 7, 0, 3)
		Q_1 Q_2 Q_5 Q_6	Q_1	(10, 0, 28, 31)
		Q_{10} Q_4 Q_9 Q_8 Q_3	Q_{10} / Q_4	(0, 0, 0, 6) / (0, 0, 0, 8)
	直升机	Q_3	Q_3	(8, 9, 25, 42)
P_5	汽车	Q_4	Q_4	(0, 0, 0, 80)
		Q_7 Q_5 Q_6	Q_7	(0, 5, 68, 8)
		Q_4 Q_8 Q_9 Q_3	Q_4 / Q_8	(17, 10, 16, 8) / (9, 7, 0, 0)

综上，运用本章模型及算法形成的调运方案会根据现有的应急物资储备量，尽可能多地且尽可能快地满足各需求点的各类应急物资需求，尤其是确保特别紧急应急物资的需求，这也正是本章提出应急保障综合评价函数的初衷。算例Ⅰ和算例Ⅱ的结果表明，本章提出的应急保障综合评价函数可以有效地权衡运达时间和需求满足率，避免因过度追求其中某一个目标而导致其他目标太差，具有一定的合理性。此外，算例Ⅰ和算例Ⅱ的对比结果表明，本章模型和算法对供大于求和供不应求两种情况下的调运问题均能形成较为合理的调运方案。不仅如此，尽管本节算例只给出了多种应急物资、多种运输工具情况下的应急物资调运方案，但本章模型同样适用于单种运输工具、单种应急物资的调运决策。因此，本章模型适用于不同供求情况、不同应急物资种类、不同运输工具种类条件下的应急物资调运问题，具有较强的通用性。

分别用上述两种算法依次对算例Ⅰ和算例Ⅱ各进行 50 次独立运算，统计得到寻优结果的均值和标准差，如表 5 – 15 所示。由表 5 – 15 可知，对于算例Ⅰ和算例Ⅱ，IPSO – SCA 寻优结果的均值和标准差均优于 OXIPSO – SCA，表明 IPSO – SCA 的收敛性更好，且更稳定。在算法时效性方面，由图 5 – 3 和图 5 – 4 给出的收敛曲线可知，OXIPSO – SCA 收敛的速度较快（约 15 代），而 IPSO – SCA 收敛的速度相对较慢（约 20 代）。由此可见，IPSO – SCA 对粒子群优化算法的改进是有效的，其算法收敛性和稳定性好于 OXIPSO – SCA，只是收敛速度还有待提升。

表 5 – 15　　两种算法的统计结果

评价项	算例Ⅰ		算例Ⅱ	
算　法	均值	标准差	均值	标准差
IPSO – SCA	1894.40	3.64	2351.79	4.37
OXIPSO – SCA	1900.59	5.34	2388.48	6.36

5.5　本章小结

本章以军队抢险救灾应急物流运作过程中必然会经常遇到的多供应点、多需求点应急物资调运决策问题为研究对象，针对现有研究成果的优化目标不够完善、决策模型普适性不强等问题，从需求点的角度考虑应急物资的需求紧迫程度、运达时间和需求满足率，提出了应急保障综合评价函数。在此基础上，考虑应急物资的储备量约束、运输工具的最大载重量和最大容积约束，以应急保障综合评价函数值最小为目标，构建了军队抢险救灾多供应点、多需求点应急物资调运非线性整数规划模型，并根据模型特点提出了嵌入解构造算法的改进粒子群优化（IPSO – SCA）算法。两个算例运算对比结果表明，提出的应急保障综合评价函数可以有效地平衡运达时间和需求满足率，避免因过度追求其中某一个目标导致其他目标满足情况太差，构建的模型考虑了运输工具的最大载重量和最大容积约束，适用于不同供需关系、不同应急物资种类、不同运输工具种类条件下的应急物资调运，具有较强的普适性，模型求解算法的收敛性和稳定性均优于对比算法。

本章从实际需要出发构建的调运模型可以为军队抢险救灾多供应点、多需求点应急物资调运方案的制订提供必要的理论支撑。

6 基于MAS的军队抢险救灾应急物资调运决策支持系统架构

军队抢险救灾应急物资调运的实现是一个涉及大量信息交互和动态决策制订的过程，不仅需要切实可行的调运决策理论和方法，而且还需要灵活高效的决策支持系统。近年来，尽管我军正在大力推动军事物流信息系统的研究工作，但该系统目前功能主要还是用于满足例行的、程式化的日常信息处理工作需要，对于决策的支持主要在于提供必要的决策信息，最终的决策过程还得由决策主体根据自身经验和能力主导实现。由于军队抢险救灾应急物资调运决策过程通常具有复杂的、连续的、动态的不确定性特点，这种依靠主观经验进行决策的方式一定程度上会影响应急物资使用的科学性和准确性。鉴于此，为提高军队抢险救灾应急物资调运决策对动态不确定环境的适应能力，增强决策的实时性和科学性，有必要利用现代信息技术开展对军队抢险救灾应急物资调运决策支持系统的研究。

MAS理论对复杂系统具有无可比拟的表达能力，目前已成为国内外学者用于构建决策支持系统的重要理论选择。鉴于此，本章在前文理论模型研究的基础上，着眼未来我军军事物流发展的信息化、智能化及辅助决策支持的现实需要，引入MAS理论，根据研究对象的实际特点构建基于MAS的军队抢险救灾应急物资调运决策支持系统。由于系统涉及面广、组成复杂且开发难度较大，本章主要从系统构建的可行性分析、需求分析、架构设计等层面进行初步研究，旨在为后期系统的开发提供理论依据。

6.1 MAS基础理论

6.1.1 Agent

1. Agent的定义

Agent的中文意思是“代理人”或“代理商”，表示具有一定智能且能够代替人类处理相关事务的主体。伴随 Agent 及其相关理论多年来的发展，不同研究背景和领域的专家对 Agent 有不同的定义，到目前为止学术界并未统一定义 Agent。

Agent 源于分步式人工智能领域，其定义最早可追溯至 20 世纪 70 年代。1977 年，休伊特提出了“Actor”的概念，被认为是 Agent 定义的雏形。1986 年，明斯基在 *The Society of Mind*（《心智社会》）一书中首次提出了 Agent，认为Agent是具有一些特定功能（技能）的个体，从计算机的角度讲，Agent 是指能完成一些任务，而无须人们了解它如何工作的机器（或软件）。后来，许多学者也提出了诸多相似的定义，这其中当属伍尔德里奇等人提出的关于 Agent 的“弱定义”和“强定义”最为经典且被广为引述。“弱定义”认为，Agent 是至少具有以下四种能力的软/硬件系统。

①自治能力（Autonomy），可以在无外界直接干预的情况下自主行为，且对自身的行为和状态具有一定的自治力。

②社会能力（Sociability），可以与其他 Agent 进行信息交互，并对其他 Agent产生影响。

③反应能力（Reactivity），能够理解周围环境，并对环境做出反应。

④预动能力（Pre - activeness），能够根据环境的反应主动形成达到目标的行为。

而“强定义”认为 Agent 除了具有“弱定义”的四种能力外，还应该具有拟人的一些能力，如具有一定知识，拥有信念、意图和承诺等心智状态。除此之外，刘大有等人在综合伍尔德里奇等人的定义后指出，Agent 是一类在特定环境下能感知环境，并能自治运行，代表其设计者或使用者实现一系列目标的计算实体或程序。

通过以上定义的陈述不难发现，Agent 是一个抽象的实体，可能是计算机硬件，也可能是计算机软件系统，还可能是一段具有特定功能的程序，甚至可能是人。但无论怎样，这个抽象出来的实体应当具有近似人类行为的特征。

特别地，本章所研究的 Agent 是指具有某些特定功能的软件，它能够在特定环境下运行，能与其他 Agent 和周围环境进行信息交互，并主动地采取相关行动，通过学习、推理等方式完成相应的任务。

2. Agent 的结构

目前，Agent 的结构理论上有三种模型，包括慎思型 Agent、反应型 Agent 和混合型 Agent。

①慎思型 Agent。

慎思型 Agent 可以看作是一个基于知识的系统，它通过符号 AI（人工智能）的方法实现 Agent 的表示和推理。其工作过程为：首先，将外界信息以符号的形式进行内部信息描述；其次，进行对应的符号表示；最后，根据符号信息进行推理和决策。受符号 AI 的特点限制，这类 Agent 尽管理论上具有较高的智能，但涉及的很多问题尚未解决，甚至无法解决，且存在反应速度较慢的问题。

②反应型 Agent。

反应型 Agent 不需要复杂的符号表示和推理，只需要通过简单的 IF - THEN 规则感知信息并进行实时反应。这类 Agent 结构简单、反应速度较快，但适应能力差且智能性较低。

③混合型 Agent。

混合型 Agent 综合了慎思型 Agent 和反应型 Agent 的优点，对于低阶的、能够进行快速反应的事件采取“感知—反应”的方式实现行为响应，不用经历复杂的推理过程，而对于高阶的、需要进行复杂推理的事件以符号 AI 的表示和推理来实现行为的智能响应。

在实际应用中，Agent 的三种结构没有明显的界限，通常会根据系统的任务分工和实际需要进行设计。

6.1.2　MAS

1. MAS 的理解

尽管 Agent 具有一定的知识和功能（能力），但现实中遇到的问题往往呈现出规模大、关系复杂等特点，这使得仅仅依靠单个 Agent 实现问题的求解是非常困难的。针对大规模的复杂性问题，需要多个具有不同功能的 Agent 按照一定的形式联合起来进行有效协作，组成一个多 Agent 系统，并按照不同的任务分工实现复杂问题的“分而治之”。因此，MAS 是指由多个具有一定知识、拥有一些功能（能力）的 Agent 组成的计算机系统，这个系统类似于人类社会，是由多个 Agent 组成的 Agent 社会，每个 Agent 都有自己的问题求解能力和目标，彼此之间可以相互协作完成系统的整体目标。

与单个 Agent 相比，MAS 具有以下优点。

①功能强，能够通过多个 Agent 间的协作，解决单个 Agent 不能解决的复杂问题。

②问题解决效率高，MAS 中 Agent 各司其职、并行处理，可提高工作效率。

③可扩展性好，为实现 MAS 的不同任务需求，具有特定功能的单个Agent可随时加入或退出。

2. MAS 的结构

根据各 Agent 之间组织关系的不同，可将 MAS 结构划分为三种：集中式、分步式和混合式。

①集中式。

集中式 MAS 通常采取树状结构思想，在系统中设置一个全局管理 Agent，系统被分为多个组，每个组另有一个管理 Agent 对具有隶属关系的各任务 Agent实施管理和协调，实现如 Agent 注册、查询、任务分解与分配以及冲突消解等功能，各组内的任务 Agent 在组内管理 Agent 的协助下进行信息交互，组与组之间通过全局管理 Agent 实现协作，其结构如图 6－1 所示。这种结构 MAS 的优点是能够保证系统的整体性和一致性，便于系统中各任务 Agent 的管理，可最大程度减少 Agent 之间的直接通信开销；缺点是系统的稳定性和可靠性受管理 Agent 的影响较大，一旦管理 Agent 崩溃，将导致系统或区域任务的失效。通常，集中式结构适用于 Agent 数量较少且 Agent 存在层次性隶属关系的系统。

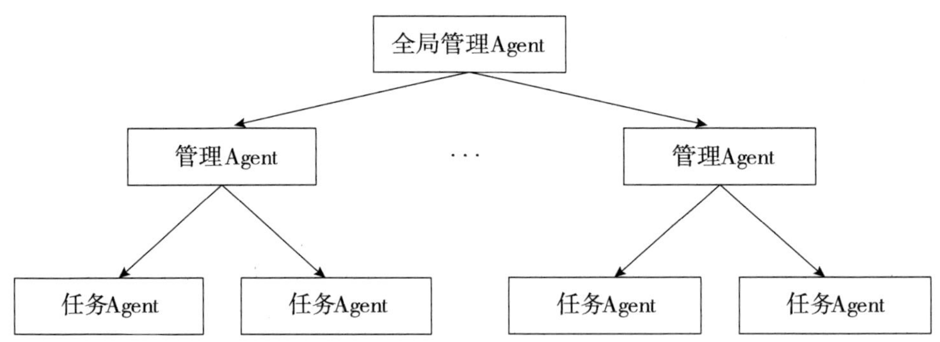

图 6－1　MAS 的集中式结构

②分步式。

分步式 MAS 中的各 Agent 相互平等、无主次之分，类似于社会生活中的人，彼此之间在共同认可的某种规则（协议）下任意组合交互信息、共享知识，实现局部或全局任务的协作求解，不存在任何担任管理员角色的 Agent，其结构如图 6－2 所示。这种结构的 MAS 具有较强的灵活性和稳定性，但由于缺乏对各任务 Agent 的统一管理，系统很难实现全局的一致性行为。

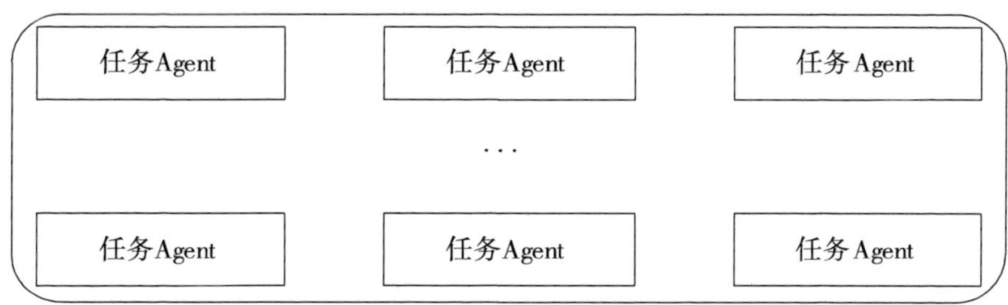

图 6－2 MAS 的分步式结构

③混合式。

混合式 MAS 是集中式和分步式两种结构的综合体。它包含一个或多个区域级的管理 Agent，各管理 Agent 对所属的任务 Agent 进行统一管理、冲突协调和任务分解与分配，实现区域内的局部信息共享，局部范围内的各 Agent 地位平等。而各管理 Agent 之间地位平等，可以进行协作实现更大规模问题的求解，其结构如图 6－3 所示。这种结构综合了集中式和分步式两种结构的优点，是当前 MAS 中应用较多的一种结构。

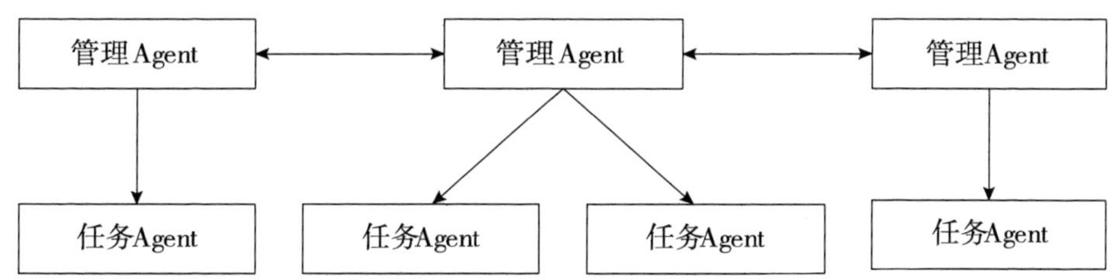

图 6－3 MAS 的混合式结构

3. MAS 的构建方法

近年来，尽管 Agent 及 MAS 的定义众说纷纭，但鉴于 MAS 对复杂系统的超强表现力，其已不再仅仅局限于理论研究，现已被广泛地引入到实际应用领域，构建了诸多符合领域应用需求的多 Agent 系统，如微电网控制、电力调度、电子商务、信息检索等。

归纳总结现有引入 MAS 构建实际应用系统的相关文献，不难发现，当前主流的 MAS 构建方法主要有两种，一种是物理分解法，另一种是功能分解法。物理分解法是指用 Agent 来表示现实世界中的物理实体，如工人、车辆、职能部门等，Agent 与物理实体之间具有明晰的对应关系；功能分解法是指用 Agent 来封装系统中需要实现的单个或多个独立的逻辑功能，如人机交互、任务分解与分配等。

在实际应用中，由于 MAS 的构建是一个抽象的设计过程，既涉及物理实体的抽象，也需要功能实体的辅助，因此上述两种方法通常混合使用。

6.2 MAS 用于系统构建的可行性

通过前文对军队抢险救灾应急物流组织结构和 MAS 的分析可以发现，引入 MAS 构建军队抢险救灾应急物资调运决策支持系统具有一定的可行性，具体表现在以下两个方面。

（1）军队抢险救灾应急物资调运决策支持系统与 MAS 在结构和行为特性上具有许多共同点，MAS 可以为军队抢险救灾应急物资调运决策支持系统的构建提供理论方面的选择。

根据第 2 章对军队抢险救灾应急物流组织结构的分析可知，军队抢险救灾应急物资调运涉及的物流实体既有军队系统内部已有或临时开设的物资保障实体，如后方仓库、中转配送中心等，也有地方企业或储备库。这些物流实体不但在地理位置上具有分散布局的特点，还会根据保障任务的需求动态抽组（加入）或撤出（退出）。不仅如此，这些物流实体还具有不同的职能分工，每个物流实体在自身职权范围内自主行为，当超出能力范围后通常还需要与其他物流实体进行协作。

而 MAS 本身就是由多个具有不同功能的 Agent 构成的系统，这些 Agent 既可以同时部署在同一台服务器上，也可以分散部署在不同的计算机或应用环境中，在结构上具有较强的分布性。除此之外，MAS 中的各 Agent 会根据用户的需要，进行动态的创建或注销，受能力和知识的限制，各 Agent 还能自主地与其他 Agent 进行交互，共同实现任务的求解。

由此可见，军队抢险救灾应急物资调运决策支持系统和 MAS 同时具有地理位置的分散布局性、组织结构的可扩展性、行为能力的自治性以及任务目标的协作性等特点，在结构和行为特性上具有许多相似之处。因此，引入 MAS 构建军队抢险救灾应急物资调运决策支持系统在理论上是可行的。

（2）MAS 已经被广泛地引入不同的应用领域，用来设计相关的决策支持系统，可以为军队抢险救灾应急物资调运决策支持系统的构建提供理论借鉴。

薛领等人将Agent技术引入现代农业经济管理领域，以面向Agent的设计思路，提出了基于Agent的农业经济智能决策支持系统（AEIDSS）的体系结构，设计了多个具有不同任务分工的Agent，如界面Agent、数据Agent、模型Agent等，并详细阐述了这些Agent的主要功能以及系统的工作原理；詹伟等人构建了基于MAS的分步式项目管理决策支持系统，定义了界面Agent、实例化Agent、任务Agent和协调Agent四种类型的Agent，并探讨了系统设计需要关注的求解机制、Agent协商、Agent适应性这三个问题；为提高集装箱码头设备利用率和码头年吞吐量，赵辉等人构建了基于MAS的集装箱港口决策支持系统，对系统中的各类Agent进行了设计；周宏等人对电子商务环境中企业物流配送决策过程进行分析提炼，引入Agent技术构建了基于MAS的网络物流配送决策系统，探讨了系统中各Agent之间的协调机制，实现了Agent间的通信和交互。除此之外，MAS还被引入构建了诸如宏观经济智能预测决策支持系统、财务决策支持系统、采购管理决策支持系统以及评标决策支持系统等。

由此可见，引入MAS构建决策支持系统的研究已有不少成功的先例，这为利用MAS构建军队抢险救灾应急物资调运决策支持系统提供了理论借鉴。

6.3 需求分析

需求分析是系统设计的前提，是对系统需要完成哪些任务、实现何种功能的总体构思。具体而言，就是以系统可能的运行环境为基础，详细分析系统需要实现的各种功能，并根据未来可能的发展需要，考虑系统的可扩展性。经分析，军队抢险救灾应急物资调运决策支持系统应满足以下六个方面的需求。

（1）军队抢险救灾应急物流实体既包括地方物流实体，也包括军队内部物流实体，由于各物流实体的应用系统在系统开发环境、开发语言、数据库管理系统等方面难免存在技术体制不一致的情况，因此军队抢险救灾应急物资调运决策支持系统必须屏蔽系统的异构性，实现分步式异构环境下应急物资储备量、运输能力等信息的实时获取。

（2）军队抢险救灾应急物资调运决策支持系统要能够为抢险救灾各级决策部门或决策者提供及时、准确、可靠的信息查询服务，主要是关于应急物资的信息查询。

（3）军队抢险救灾应急物资调运决策支持系统要能够提供人机交互，为调运方案的及时呈现、调运方案执行情况的及时反馈以及决策过程中良好的人机协作提供必要的交互界面。

（4）军队抢险救灾应急物资调运决策支持系统要能够根据被保障对象数量、应急物资的使用情况、需求标准等信息，通过定性或定量的方法实时预测应急物资的需求量，便于及时制订应急物资调运方案。

（5）军队抢险救灾应急物资调运决策支持系统要能够在实时获取应急物资储备量信息、需求信息、运输能力信息的基础上，根据供应点和需求点的不同组合情况，选用合适的调运模型准确、高效地生成应急物资调运方案，为相关部门（物流实体）提供辅助决策支持。

（6）军队抢险救灾应急物资调运决策支持系统要能够充分利用数据库资源，及时、准确、详细地将应急物资的去向记录在案，便于在救灾行动结束后对应急物资使用情况进行汇总和结算。

6.4 系统设计

6.4.1 总体架构

以面向 Agent 的软件设计思路，利用前文所述的物理分解法将系统中涉及的各物流实体抽象为一个能够代理其行为的 Agent，结合上述系统需要实现的功能，采用功能分解法抽象形成具有一定能力的功能型 Agent。由此构建的军队抢险救灾应急物资调运决策支持系统总体架构如图 6 - 4 所示。从宏观上看，系统主要由资源层、管理层和服务层三层结构组成。

服务层为资源层和管理层提供服务，与来自其他两层结构内的 Agent 协作实现任务求解，主要包括数据 Agent、求解 Agent 和路况 Agent。数据 Agent 实现系统内部物资信息操作的标准化，求解 Agent 完成需求量预测和调运方案制订，路况 Agent 提供实时、准确的路径信息。

管理层由具有一定指挥决策权限的物流实体 Agent 组成，包括联合保障部 Agent、责任区保障中心 Agent 和需求 Agent。其采用分组集中式结构，每个需求 Agent 都有一个负责对其进行管理的责任区保障中心 Agent。需求 Agent 与求解 Agent 协作，完成需求量预测任务，并及时上报至对应的责任区保障中心 Agent。责任区保障中心 Agent 一方面与求解 Agent 协作完成需求量预测任务并及时上报至联合保障部 Agent，另一方面根据需求 Agent 提供的需求信息，与求解 Agent、路况 Agent 协作实现调运方案制订，完成对所属需求点的应急物资供应。联合保障部Agent根据上报的需求信息，结合资源层反馈的应急物资储备信息、运输能力信息等，与求解Agent和路况Agent协作，实现应急物资调运方案的制订。

资源层是由分布在不同地域的多种类型应急物资供应实体Agent组成的集合，包括收集中心Agent、中转配送中心Agent、供应商Agent、地方储备库Agent以及后方仓库Agent等，各Agent主要完成异构环境下的应急物资储备信息和运输能力信息获取、调运方案执行以及调运方案执行情况反馈等任务，必要时可以与求解Agent协作实现需求量预测的任务。

如上所述，系统中的某些物流实体可能不止一个，这些实体在图6－4中都有体现。

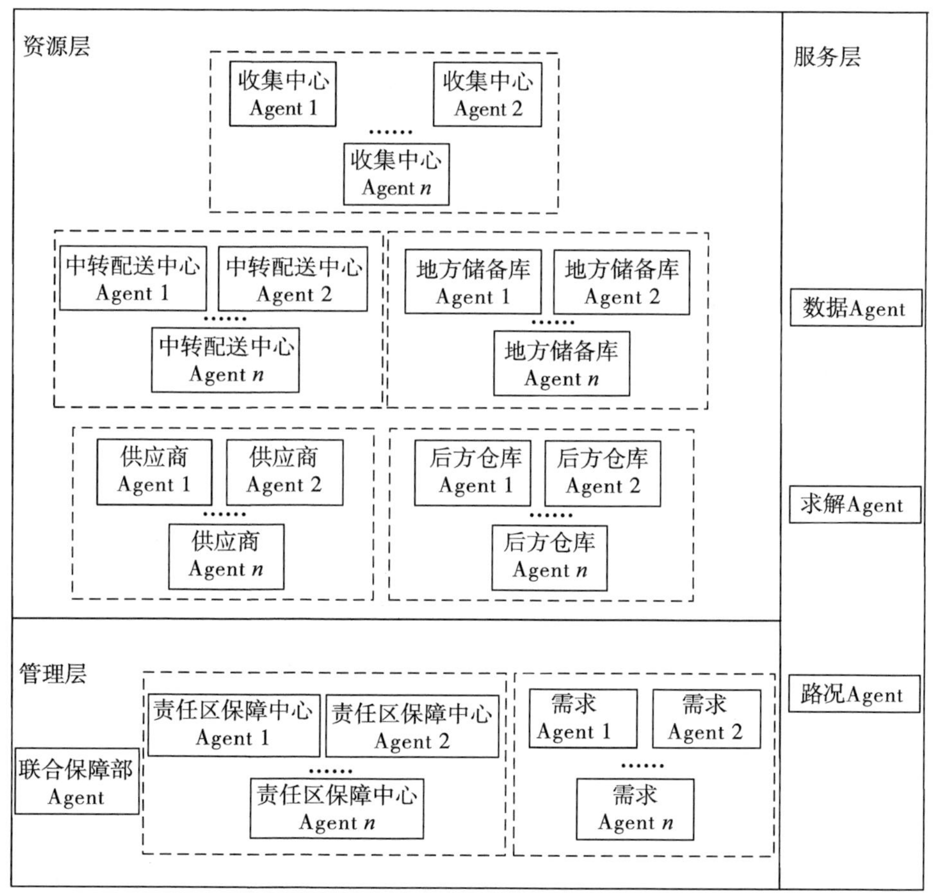

图6－4　军队抢险救灾应急物资调运决策支持系统总体架构

6.4.2 各 Agent 功能及结构

系统中，各 Agent 需要完成的任务、所具备的功能是不一样的，彼此之间通过协作共同完成任务，因此各 Agent 的内部结构不尽相同。为说明各 Agent 在系统中所扮演的角色，下文对各 Agent 的功能及结构进行详细阐述。

1. 数据 Agent

数据 Agent 的功能是以物资编目系统为依据，统一军队和地方应急物资信息，实现军队抢险救灾应急物资调运决策支持系统内部物资信息的一致性、标准化。其结构如图 6－5 所示。

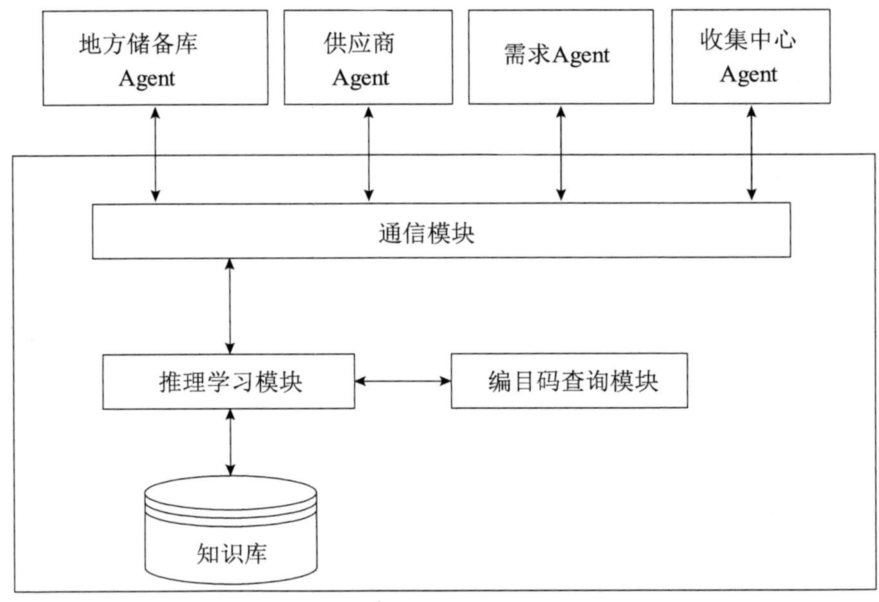

图 6－5 数据 Agent 的结构

数据 Agent 的工作机制如下：

①响应地方储备库 Agent、供应商 Agent、需求 Agent 和收集中心 Agent 的编目请求，通过通信模块接收来自以上四类 Agent 提供的应急物资名称、规格、型号等相关信息。

②推理学习模块通过知识库储备的知识与通信获取的物资信息进行匹配。若匹配成功，则得出推理结果；若匹配不成功，即知识库中无对应物资信息，交给编目码查询模块进行处理。

③编目码查询模块在编目系统中查找与物资名称对应的所有可能的编目码。

④推理学习模块根据查找得出的编目码及其对应的相关信息，以获取的物资规格、型号等信息为依据，推理得出物资的编目码。若推理得到的编目码不唯一，需告知发送请求的 Agent 提供更多的物资信息；若推理得出的编目码唯一，将物资的名称、规格、型号、编目码作为知识更新知识库（自学习），便于以后对编目码的快速响应。

⑤通信模块将推理结果反馈给发出请求的 Agent。

值得一提的是，之所以收集中心 Agent 和需求 Agent 需要通过数据 Agent 统一物资编目码，是因为这两类 Agent 在实际应用中存在人工应急物资信息录入，如收集中心 Agent 需要对接收到的募捐物资人工进行信息录入，需求 Agent需要通过界面输入所需的应急物资。

2. 求解 Agent

求解 Agent 主要实现两方面的功能：一是在模型库的支持下，完成系统中其他 Agent 提出的需求量预测及调运方案制订的任务；二是实现新模型的添加、模型库中已有模型的删除或修改等操作。其结构如图 6 -6 所示。

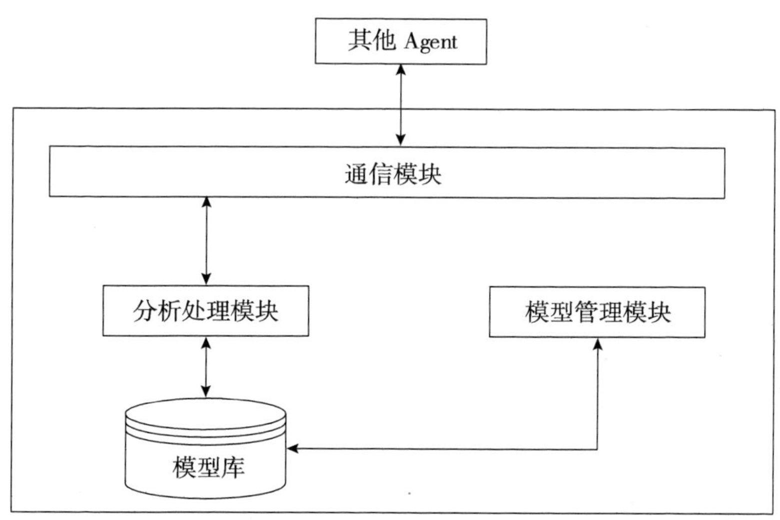

图 6 -6　求解 Agent 的结构

求解 Agent 的工作机制如下：

①通过通信模块与系统中需要完成需求量预测或调运方案制订任务的

Agent进行通信，包括：需求 Agent、责任区保障中心 Agent、联合保障部 Agent 以及资源层中需要进行需求量预测的部分实体 Agent（为方便表述，此处将有关的 Agent 统称为其他 Agent），接收其他Agent发来的模型使用请求（模型编号、模型名称等）。

②分析处理模块通过检索模型字典，告知其他 Agent 进行模型运算所需的相关参数、数据等。

③接收其他 Agent 发送的相关参数和数据后，分析处理模块利用模型进行计算，并将计算结果反馈给其他 Agent。对于需求量预测过程中出现的历史数据不足，即不能进行定量需求预测的情况，由求解 Agent 反馈信息，告知其他 Agent 自行进行定性需求预测。

④模型管理模块主要完成新模型的添加、库中已有模型的修改和删除等操作。

3. 路况 Agent

路况 Agent 主要实现三方面的功能：一是为管理层中的联合保障部 Agent 和责任区保障中心 Agent 提供实时的路径信息（供应点与需求点之间的路径及通行时间等）；二是获取系统中其他实体 Agent 的地理位置信息，并通过车载终端或系统中的其他实体 Agent 对 GIS 数据库中的路况信息进行实时更新；三是对抢险救灾应急物资的保障情况进行动态展示。其结构如图 6-7 所示。

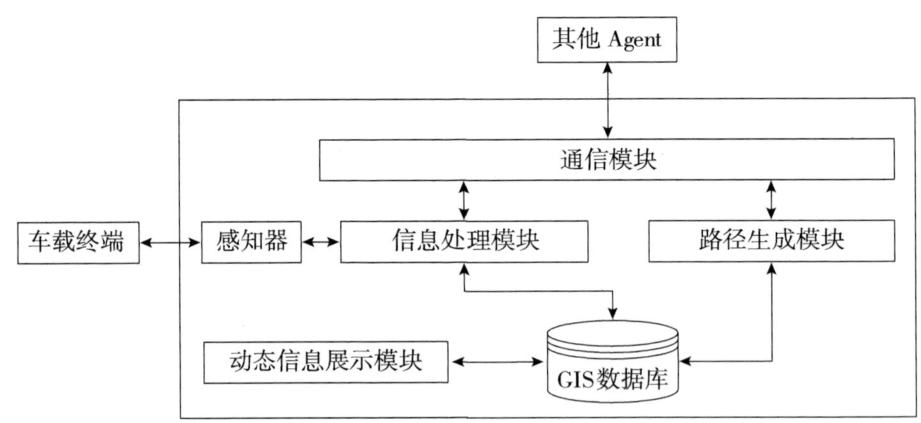

图 6-7　路况 Agent 的结构

路况 Agent 的工作机制如下：

①通过通信模块接收联合保障部 Agent 或责任区保障中心 Agent 发送的供

应点和需求点基本信息。

②路径生成模块根据提供的供需点基本信息，在 GIS 数据库的支持下，生成供应点与需求点间的可能路径，并给出对应的行驶时间。

③将路径信息反馈给联合保障部 Agent 或责任区保障中心 Agent。

④各实体 Agent 在初始创建时或实现位置转移后，向路况 Agent 发送地理位置信息，信息处理模块根据接收到的地理位置信息，在 GIS 数据库中更新其地理位置。

⑤通过通信模块从系统中其他实体 Agent 处及时获取路段的通行情况，通过感知器感知车辆在各路段的行驶情况。

⑥信息处理模块对感知到的车辆行驶情况以及其他实体 Agent 发送的路段通行情况进行分析处理，判断路段的通行能力及状态，并对 GIS 数据库中的对应路段通行能力信息进行更新。

⑦通过动态信息展示模块对实时的保障态势进行显示。

4. 联合保障部 Agent

联合保障部 Agent 主要实现两方面的功能：一是与资源层各 Agent、路况 Agent 以及求解 Agent 协作实现调运方案的制订；二是满足联合保障部对相关信息的查询统计需要。其结构如图 6－8 所示。

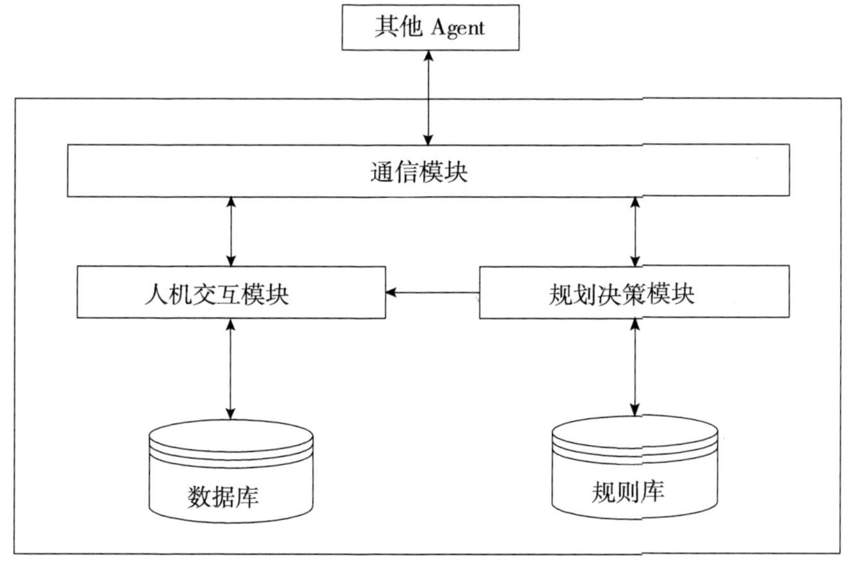

图 6－8　联合保障部 Agent 的结构

联合保障部 Agent 的工作机制如下：

①由通信模块接收来自各实体 Agent（责任区保障中心 Agent、中转配送中心 Agent 等）的需求信息，包括实体 Agent 的基本信息（如责任区保障中心 Agent 在系统中的编号、名称等），实体 Agent 所需应急物资的种类、数量等需求信息，并将需求信息传递给规划决策模块。

②规划决策模块将接收到的需求信息进行汇总，并与资源层各 Agent 进行通信，获取资源层各实体 Agent 的基本信息（如在系统中的编号、名称等）、应急物资的储备量信息、运输能力信息。

③规划决策模块将反馈的资源层实体 Agent 基本信息（供应点基本信息）和提出需求的实体 Agent 基本信息（需求点基本信息）发送给路况 Agent，由路况 Agent 反馈供需点间的可能路径及其对应的行驶时间。

④规划决策模块根据各供应点的应急物资储备信息、运输能力信息以及供需点间的路径信息，在规则库的支持下，对可能的供应点进行初选。

⑤规划决策模块将初选确定的供应点的相关信息，含供应点基本信息、供应点储备量及运输能力信息，会同需求点的基本信息和需求信息以及供需点之间的路径信息等，与求解 Agent 通信协作，由求解 Agent 反馈生成调运方案。

⑥规划决策模块一方面对调运方案进行分析，将未能完全满足（部分满足或根本没有满足）的应急物资种类及数量等信息发送给资源层各实体Agent，便于应急物资的针对性筹措。另一方面将调运方案传递给人机交互模块。

⑦人机交互模块实现方案的最终确认。经确认后的方案一方面存入数据库备查，另一方面发送至方案中明确的供应实体 Agent。人机交互模块还为决策者提供相关信息查询统计功能，可以查询资源层实体 Agent 的应急物资储备量、运输能力以及经确认的调运方案等信息，还可以统计资源层各实体 Agent 的应急物资使用情况。

5. 责任区保障中心 Agent

责任区保障中心 Agent 主要实现三方面的功能：一是为满足所属需求 Agent提出的需求计划，与求解 Agent 和路况 Agent 协作制订调运方案；二是根据剩余库存量、到货量、被保障对象数量以及需求标准等信息，预测对应责任区保障中心对各类应急物资的需求量；三是实现人机交互，包括信息查询统计、调运方案和需求计划确认、调运方案执行情况反馈等。其结构如图 6 –9所示。

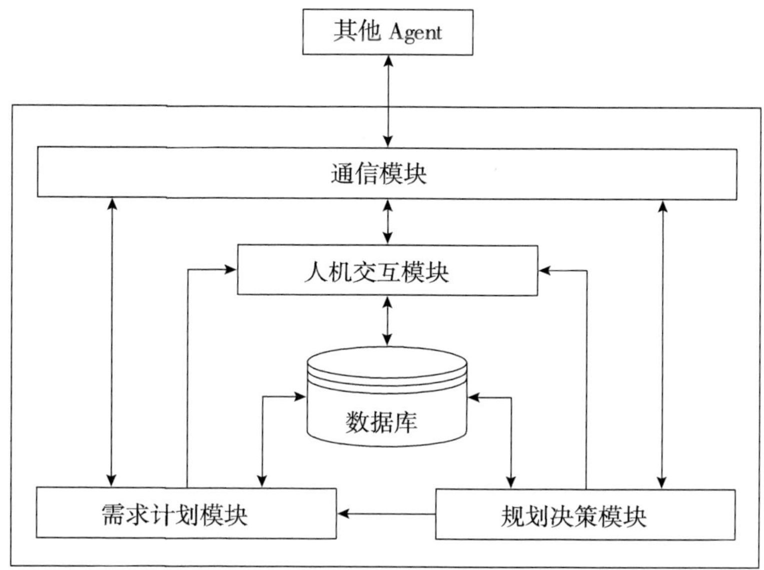

图 6－9　责任区保障中心 Agent 的结构

责任区保障中心 Agent 的工作机制如下：

①通信模块接收所属需求 Agent 上报的需求信息，并传递给规划决策模块。

②规划决策模块查询数据库获知需求信息中对应的应急物资的储备量。

③规划决策模块将自身基本信息和提出需求的所有需求 Agent 基本信息发给路况 Agent，由路况 Agent 反馈责任区保障中心与各需求点间的可能路径及其对应的行驶时间。

④规划决策模块根据责任区保障中心的应急物资储备量信息、运输能力信息、责任区保障中心与各需求点间的路径信息以及需求信息，与求解 Agent 协作，由求解 Agent 反馈生成调运方案。

⑤规划决策模块一方面对调运方案进行分析，将未能完全满足（部分满足或根本没有满足）的应急物资种类及数量等信息传递给需求计划模块；另一方面将调运方案传递给人机交互模块。

⑥需求计划模块参考规划决策模块传递的应急物资缺货信息，结合数据库中应急物资的库存量、到货量、需求标准、被保障对象数量等信息，与求解 Agent 协作，对需求量进行预测，并将预测后的需求量传递给人机交互模块。对于求解 Agent 反馈的需进行定性预测的信息，由需求计划模块传递给人

机交互模块。

⑦人机交互模块主要完成以下任务：一是为信息查询统计提供相关操作，查询应急物资储备量等信息，统计责任区保障中心的应急物资使用情况；二是将规划决策模块传递的调运方案反馈给方案中的对应需求 Agent，并对数据库进行操作（如更新储备量、记录调运方案等）；三是提供定性需求预测支持，对需求计划进行确认，将需求计划上报至联合保障部 Agent，并记录入数据库；四是对资源层实体 Agent 发送的调运方案执行情况进行反馈，并更新数据库（如储备量更新）。

6. 需求 Agent

需求 Agent 主要具有两方面的功能：一是根据剩余库存量、到货量、被保障对象数量以及需求标准等信息，预测对应需求点对各类应急物资的需求量；二是实现人机交互，满足用户对信息查询统计、物资发放、调运方案执行情况反馈、需求计划确认等的需要。其结构如图 6－10 所示。

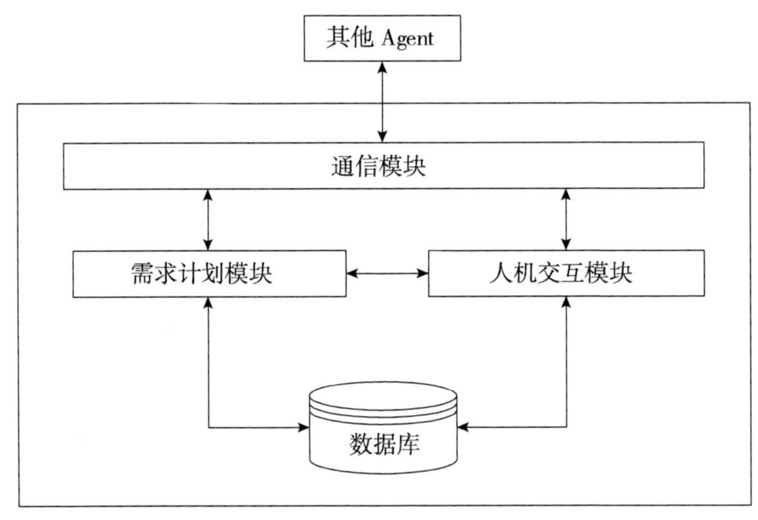

图 6－10　需求 Agent 的结构

需求 Agent 的工作机制如下：

①人机交互模块主要完成以下任务：一是为信息查询统计提供相关操作，查询应急物资库存量等信息，统计需求点的应急物资使用情况；二是接收所属责任区保障中心 Agent 发送的调运方案，并对调运方案的执行情况进行反馈（如记录调运方案执行完成时间、更新数据库中对应应急物资库存量等）；三

是提供定性需求预测支持，对需求计划进行确认，将需求计划上报至责任区保障中心Agent，并记录入数据库；四是提供物资发放操作界面，并对数据库进行实时更新；五是提供应急物资需求信息录入功能，及时与数据Agent协作，实现录入信息的标准化，并将录入的需求信息传递给需求计划模块。

②需求计划模块根据数据库中应急物资的库存量等信息，结合人机交互模块传递的信息，与求解Agent协作实现应急物资的需求量预测，并将预测后的需求量传给人机交互模块。对于求解Agent反馈的需进行定性预测的信息，由需求计划模块传给人机交互模块。

7. 收集中心Agent

收集中心Agent主要具有三方面的功能：一是响应联合保障部Agent提出的信息查询统计请求；二是及时给出需要进行筹措的应急物资类型建议；三是实现人机交互，完成调运方案执行情况反馈、信息查询以及捐赠物资信息录入等任务。其结构如图6－11所示。

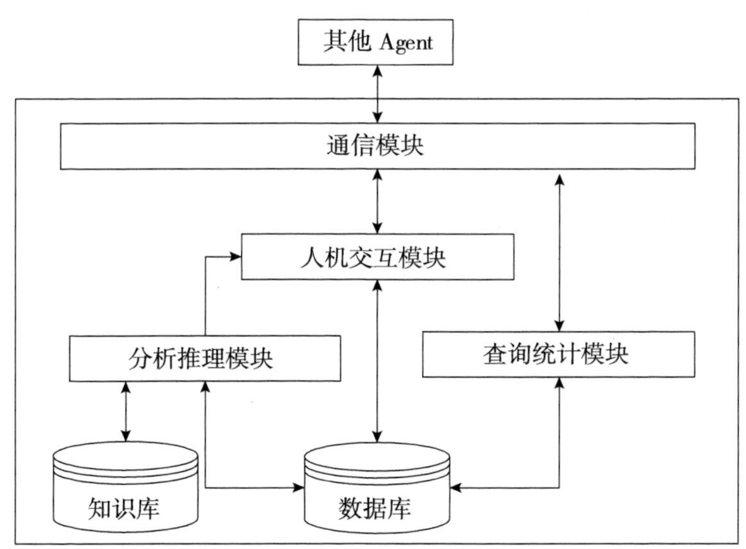

图6－11　收集中心Agent的结构

收集中心Agent的工作机制如下：

①查询统计模块响应联合保障部Agent通过通信模块发出的查询统计请求。将收集中心Agent的基本信息、对应的应急物资储备量信息、运输能力信

息等反馈给联合保障部 Agent。对收集中心的应急物资供应情况进行统计，并将统计结果反馈给联合保障部 Agent。

②分析推理模块根据知识库中知识，结合数据库中应急物资储备量信息，推理得出应重点增加募捐的应急物资类型，并将建议传给人机交互模块。知识库中存储不同灾害类型、不同季节对应急物资种类需求的相关知识。

③人机交互模块主要完成以下任务：一是为收集中心 Agent 用户提供信息查询操作，如应急物资储备量查询；二是接收联合保障部 Agent 发送来的调运方案，将方案的执行情况（执行时间）反馈给方案中对应的应急物资接收实体 Agent，并将执行后的调运方案记录入数据库；三是提供募捐物资信息录入界面，与数据 Agent 协作，实现录入信息的标准化，并及时更新数据库中应急物资储备量。

8. 中转配送中心 Agent

中转配送中心 Agent 主要实现三方面的功能：一是响应联合保障部 Agent 提出的信息查询统计请求；二是根据剩余库存量、到货量、被保障对象数量以及需求标准等信息，预测对应中转配送中心对各类应急物资的需求量；三是实现人机交互，完成调运方案执行情况反馈、信息查询以及需求计划确认与上报等任务。其结构如图 6-12 所示。

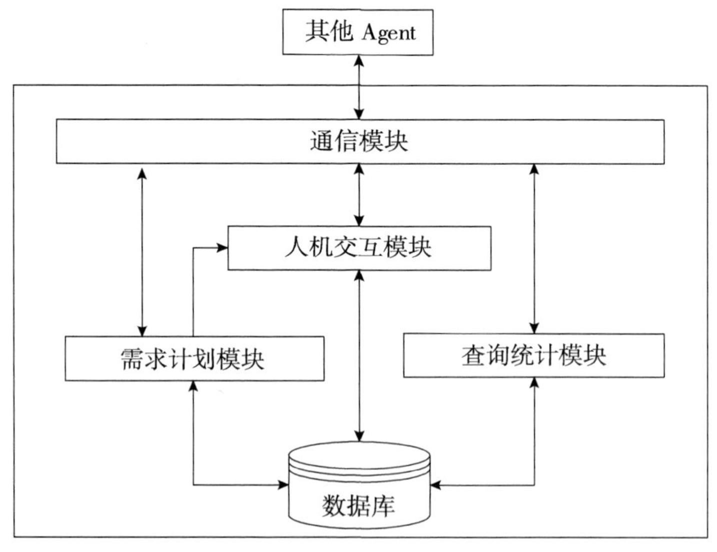

图 6-12　中转配送中心 Agent 的结构

中转配送中心 Agent 的工作机制如下：

①查询统计模块响应联合保障部 Agent 通过通信模块发出的查询统计请求。将中转配送中心 Agent 的基本信息、对应的应急物资储备量信息、运输能力信息等反馈给联合保障部 Agent。对中转配送中心的应急物资供应情况进行统计，并将统计结果反馈给联合保障部 Agent。

②需求计划模块结合数据库中应急物资的库存量、到货量、需求标准、被保障对象数量等信息，与求解 Agent 协作，对需求量进行预测，并将预测后的需求量传给人机交互模块。对于求解 Agent 反馈的需进行定性预测的信息，由需求计划模块传给人机交互模块。

③人机交互模块主要完成以下任务：一是为中转配送中心 Agent 用户提供信息查询操作，如应急物资储备量查询；二是提供定性需求预测支持，对需求计划进行确认，将需求计划上报至联合保障部 Agent，并记录入数据库；三是对资源层其他实体 Agent 发送的调运方案执行情况进行反馈，并更新数据库（储备量更新）；四是接收联合保障部 Agent 发送的调运方案，将方案的执行情况（执行时间）反馈给方案中对应的应急物资接收实体 Agent，并将执行后的调运方案记录入数据库。

9. 地方储备库 Agent、供应商 Agent 和后方仓库 Agent

同属资源层的地方储备库 Agent、供应商 Agent 和后方仓库 Agent 所具有的功能是一致的，都是为了实现异构平台下的信息交互。具体来说，主要具有两方面的功能：一是响应联合保障部 Agent 提出的信息查询统计请求；二是调运方案执行情况反馈。其结构如图 6－13 所示。上述三种 Agent 是基于已有信息系统进行的扩展，因此其结构与中转配送中心 Agent 的结构是不同的。

地方储备库 Agent、供应商 Agent 和后方仓库 Agent 的工作机制如下：

①查询统计模块接收联合保障部 Agent 通过通信模块发出的信息查询统计任务并对任务进行识别，此部分交由系统操作接口具体执行，然后将查询统计结果反馈给联合保障部 Agent。必要时，需要与数据 Agent 协作，实现系统内部物资信息的标准化。

②信息转换模块接收联合保障部 Agent 通过通信模块发送的调运方案，并将方案转换为信息系统可以识别的目标信息（如仓库的出库单、企业订单等），此部分交由系统操作接口具体执行，然后将方案执行情况反馈给方案中对应的应急物资接收实体 Agent，并将执行后的调运方案记录入数据库。

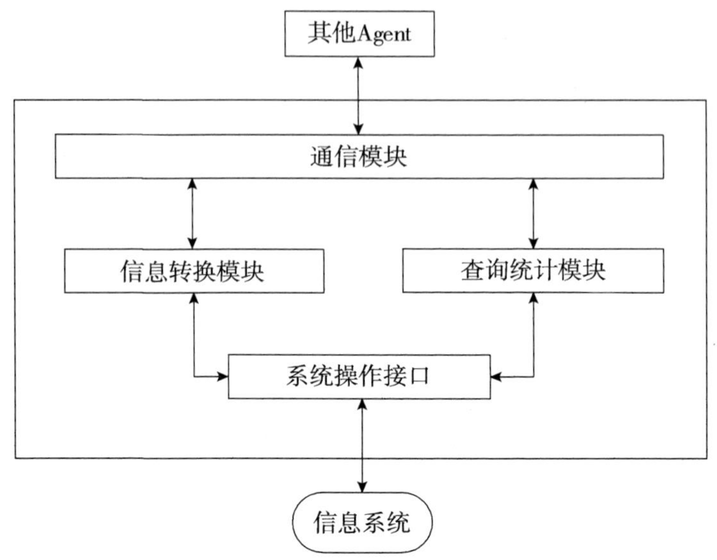

图6－13　地方储备库 Agent、供应商 Agent 和后方仓库 Agent 的结构

③系统操作接口是军队抢险救灾应急物资调运决策支持系统与已有信息系统互联互操作的功能单元，主要是指面向信息系统的业务构件或服务。例如，由于我军正抓紧建设的业务系统是面向服务的开发思路，后方仓库 Agent 要实现仓库物资供应信息的查询操作，只需要调用军事物流信息系统提供的 Web 服务即可。

值得一提的是，在实际救灾行动中，对于那些位于灾区范围内的后方仓库 Agent，还应具备需求量预测的功能。这类似于中转配送中心 Agent 的需求计划模块，后方仓库 Agent 这部分内容在此不再赘述。

6.5　系统实现的关键技术

应用 MAS 理论设计的军队抢险救灾应急物资调运决策支持系统实质是一个多 Agent 系统。目前，有关多 Agent 系统的开发平台有很多，其中具有代表性的包括 JADE、Zeus、Aglet、JATLite、Voyager 以及 Siemens Tecnomatix Jack 等。与其他开发平台相比，JADE 因具有功能类库多样性、源代码开源性、开发容错快速性、功能易扩展性以及完全 FIPA（Foundation of Intelligent Physical Agents，智能物理代理的建立）标准化等特点，已成为当前主流的多 Agent 系统开发平台。鉴于此，军队抢险救灾应急物资调运决策支持系统可选择 JADE 平台作为其实现和运行的中间件。

根据前文设计的系统总体架构和各 Agent 的功能及结构可知，军队抢险救灾应急物资调运决策支持系统融合了多种信息技术，如 Agent 技术、GIS 技术以及 Web 服务技术等，其实现需对所涉及的各种技术进行集成。归纳起来，军队抢险救灾应急物资调运决策支持系统实现的关键技术主要有：Agent 生成及行为实现、Web 服务调用实现及与 GIS 开发工具集成。以下对这三个关键技术展开论述，以期为系统的实现奠定基础。

1. Agent 生成及行为实现

JADE 为多 Agent 系统开发提供了丰富的 Agent 开发软件包，使得开发者不用从零开始实现 Agent，有利于系统的快速开发。JADE 平台中 Agent 的实现通常按照初始化、行为执行、资源释放和生命终止的流程实施，对应的类和方法为：setup 方法、behaviour 类、takeDown 方法和 doDelete 方法。具体地，以具有通信能力的 Agent 为例，其代码如下。

```
import jade. core. Agent;
import jade. core. behaviours. * ;
import jade. lang. acl. ACLMessage;
import jade. core. AID;
import jade. core. behaviours. Behaviour;
public class FirstAgent extends Agent
{
    @ Override
    protected void setup ( ) {
    System. out. println (" I am the first Agent");
    this. addBehaviour (new CyclicBehaviour ( ) {
        @ Override
        public void action ( ) {
        ACLMessage msg = receive ( );
```

```
        if (msg! =null) { System. out. println (" I received this message: " +
msg. getContent ( ) + ", this message is from:" + msg. getSender
( ) ); } } } );
    this. addBehaviour (new SendBehaviour (this) ); }
    public class SendBehaviour extends Behaviour {
    FirstAgent sendagent = null;
    @ Override
    public void action ( ) {
        ACLMessage msg = new ACLMessage (ACLMessage. INFORM);
        msg. addReceiver (new AID (" SAgent", AID. ISLOCALNAME) );
        msg. setLanguage (" English" );
        msg. setContent (" There will be an examination tomorrow!" );
        sendagent. send (msg); }
    @ Override
    public boolean done ( ) { return true; }
    public SendBehaviour (FirstAgent a) { sendagent = a; } }
}
```

此外，由于 JADE 软件包由 Java 语言编写，因此能较好地集成 Java 提供的各种工具包以满足 Agent 的多种功能需求。图 6 – 14 展示了 Agent 中集成 Swing 开发的人机交互界面。

2. Web 服务调用实现

在 JADE 平台中，Agent 能较为方便地实现 Web 服务的调用。Agent 只需指定服务的地址，便可直接调用该服务提供的各种方法。设服务器上发布有 CalculateWS 服务，该服务提供 add 方法，则客户端实现对 add 方法调用的关键代码如下。

```
my. calculator. CalculateWS_ Service service = new my. calculator. CalculateWS_ Service ( );
my. calculator. CalculateWS port = service. getCalculateWSPort ( );
double result = port. add ( );
```

3. 与 GIS 开发工具集成

路况 Agent 的核心功能是通过对 GIS 数据库的操作，为系统中其他 Agent

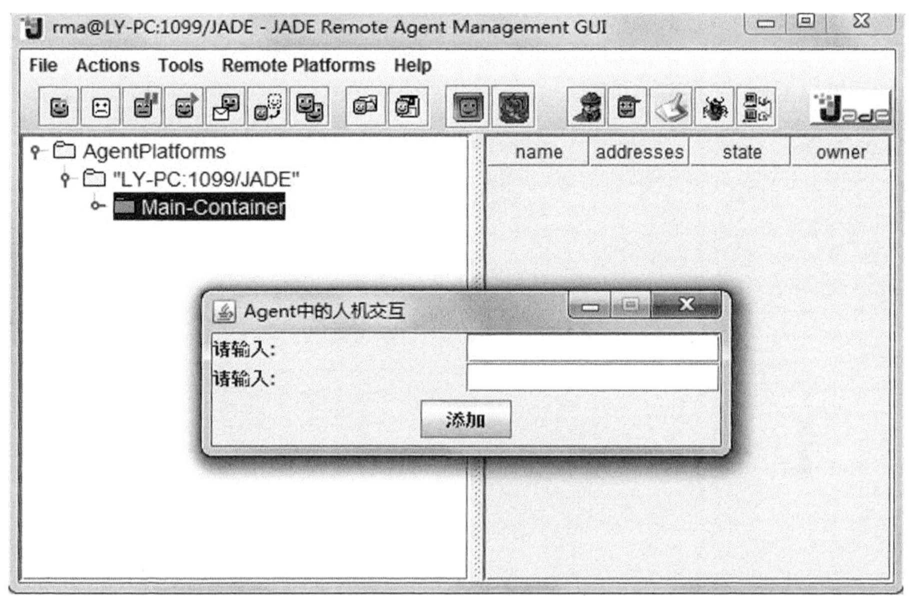

图 6－14　集成 Swing 开发的人机交互页面

提供路径信息。针对这类定制的 GIS 开发需求，目前主流的 GIS 软件（如 ArcGIS、SuperMap、MapInfo 和 MapGIS 等）都提供了支持 Java 语言的组件式 GIS 开发工具（如 ArcGIS Engine、SuperMap Objects 等）。鉴于此，在 Agent 开发中只需导入相应的软件包，便能实现对 GIS 的嵌入式开发，实现 Agent 技术与 GIS 技术的有效集成。

6.6　本章小结

本章简要介绍了 MAS 相关基础理论，探讨了引入 MAS 理论构建军队抢险救灾应急物资调运决策支持系统的可行性，论述了系统的总体需求。在此基础上，综合应用 MAS 构建的两种常用方法（物理分解法和功能分解法），设计了军队抢险救灾应急物资调运决策支持系统的总体架构。系统主要由资源层、管理层和服务层三层结构组成，系统中的各物流实体根据物理分解法被抽象为各实体 Agent，为了实现系统的辅助决策功能，根据功能分解法分别构建了数据 Agent、求解 Agent 和路况 Agent 三类功能型 Agent。为了厘清系统内部各 Agent 间的信息交互关系，详细设计了系统内各 Agent 的功能及结构，描述了各 Agent 的工作机制。最后，从系统可实现性的角度，以 JADE 作为开发平台，分析了系统实现的三个关键技术：Agent 生成及行为实现、Web 服务调用实现和与 GIS 开发工具集成。

本章构建的基于 MAS 的军队抢险救灾应急物资调运决策支持系统可以作为前文研究内容的应用平台，并且能为未来的系统研发提供理论参考。

7 总结与展望

7.1 全书总结

1. 完成的主要工作

为了提高军队抢险救灾应急物资调运的水平，提升军队抢险救灾应急物资保障工作的质量，本书在大量文献研究的基础上，着眼军队抢险救灾应急物资调运工作的实际，综合应用现代物流理论、安全库存理论、运筹学、最优化理论、数值仿真、MAS理论、决策支持系统理论、PSO算法等多种理论、技术和方法，对军队抢险救灾应急物资调运问题展开了较系统且较深入的研究，重点解决了军队抢险救灾应急物资调运中涉及的三个关键问题：需求量预测（调运多少的问题）、调运方案制订（如何调运的问题）以及调运决策支持（如何更好地实现调运决策的问题），形成了一套较为完善的军队抢险救灾应急物资调运问题求解理论和方法。

归纳起来，本书完成的主要工作如下：

（1）综述了军队抢险救灾应急物资调运问题涉及的相关内容。

对军队抢险救灾应急物流、应急物资需求预测、应急物资调运决策模型以及应急物资调运决策支持系统等方面的研究现状进行了较为详细的阐述和分析，对现有研究的不足进行了总结和提炼，为后文研究的深入拓展明确了方向。

（2）提出了军队抢险救灾应急物流运作的创新策略。

根据军队抢险救灾应急物流运作的现状，分析了军队抢险救灾应急物流运作现有模式存在的不足，按照军民融合物流建设思路以及现代物流理论，从组织结构、职能分工和保障手段三个方面提出了军队抢险救灾应急物流运作的创新策略，为后文研究成果的潜在应用做好了理论铺垫。

（3）构建了军队抢险救灾应急物资需求量预测的理论和方法。

按照定性预测与定量预测相结合的思路，给出了需求预测的流程和步骤，为军队抢险救灾应急物资需求量的预测提供了总体的解决思路。为了实现军队抢险救灾应急物资需求的定量预测，在现有分步式模型基础上，同时考虑救灾过程中提前期和需求的随机性，引入安全库存理论，构建了军队抢险救灾应急物资需求预测模型，模型以被保障对象数量和需求标准为依据，根据观测得到的到货量和剩余库存量等信息实时预测各时刻应急物资的需求量。算例结果表明，所建模型不仅能够较为准确地反映出需求量与被保障对象总数的正相关关系，而且还能较好地体现被保障对象总数的变化情况。

（4）构建了军队抢险救灾多供应点、单需求点应急物资调运模型，并提出了模型求解的 CMOPSO - MCHT 算法。

针对现有研究成果无法解决军队抢险救灾多供应点、单需求点应急物资调运中同时存在的应急物资需求多样、运输工具种类多样但数量有限的现实问题，兼顾单种和多种应急物资需求，综合考虑运输工具种类、数量及其最大载重量和最大容积约束的实际情况，构建了以应急救援完成时间最短、运输工具平均空载率最低为目标的军队抢险救灾多供应点、单需求点应急物资调运约束多目标非线性整数规划模型，并根据模型的等式约束、不等式约束和非负整数解空间约束等特点，在 PSO 算法基础上融合多种约束处理技术提出了模型求解的 CMOPSO - MCHT 算法。算例结果表明，运用所建模型及所提算法可以为决策者制订出多个 Pareto 最优解代表的调运方案，且 CMOPSO - MCHT 算法的收敛性和分布性均优于其他两种对比算法，其中，M - CMOPSO 算法每次求得的 Pareto 最优解中平均有 72% 的解被 CMOPSO - MCHT 算法求得的解所支配，而 BB - MOPSO 算法的这一数据更是高达 87%。

（5）构建了军队抢险救灾多供应点、多需求点应急物资调运模型，并提出了模型求解的 IPSO - SCA 算法。

针对现有研究成果的优化目标不够完善、决策模型普适性不强等问题，从需求点的角度考虑应急物资的运达时间、需求满足率和需求紧迫程度，提出了应急保障综合评价函数。在此基础上，考虑应急物资的储备量约束、运输工具的最大载重量和最大容积约束，以应急保障综合评价函数值最小为目标，构建了军队抢险救灾多供应点、多需求点应急物资调运非线性整数规划模型，并根据模型特点提出了嵌入解构造算法的改进粒子群优化（IPSO - SCA）算法。对比算例结果表明，提出的应急保障综合评价函数可以有效地权衡运达时间和需求满足率两个目标，避免因过度地追求其中某一个目标而导致其他目标太差，构建的模型考虑了运输工具的最大载重量和最大容积约束，适用于不同供需关系、不同应急物资种类、不同运输工具条件下的应急物资调运，具有较强的普适性，模型求解算法的收敛性和稳定性均优于对比算法。

（6）构建了基于 MAS 的军队抢险救灾应急物资调运决策支持系统架构模型。

为了提高军队抢险救灾应急物资调运决策对动态不确定环境的适应能力，增强决策的实时性和科学性，在探讨运用 MAS 理论构建系统可行性并分析系统需求的基础上，根据面向 Agent 的设计思路，混合使用物理分解法和功能分解法，构建了军队抢险救灾应急物资调运决策支持系统总体架构，详细设计了系统中各 Agent 的功能及结构，并描述了各 Agent 的工作机制。最后，从系统可实现性角度分析了系统实现的关键技术。构建的决策支持系统由服务层、管理层和资源层三层结构组成，管理层和资源层主要由各物流实体 Agent 组成，而服务层主要由数据 Agent、求解 Agent 和路况 Agent 三类功能型 Agent 组成。

2. 取得的创新成果

通过对军队抢险救灾应急物资调运问题进行深入、细致的研究，本书在前人研究基础上取得了一些较有创新性的研究成果。具体地，这些创新性的研究成果可总结为如下四点。

（1）构建的军队抢险救灾应急物资需求预测模型同时考虑了需求和提前期的随机性，更贴近实际情况。

已有的分步式需求预测模型将提前期视为固定常数，只考虑需求的随机性。事实上，受应急物资筹措能力、道路运输条件等诸多不确定因素的影响，提前期通常具有随机性。因此，相比于已有的研究成果，本书同时考虑提前期和需求随机性构建的预测模型更符合现实情况。

（2）构建的军队抢险救灾多供应点、单需求点应急物资调运模型同时考虑了运输工具种类、数量及其最大载重量和最大容积约束，兼顾了应急物资的单种和多种需求，具有更强的实用性。

已有研究成果大多未考虑运输能力约束，即使部分研究成果考虑了运输能力约束，但仅假定只有一种运输工具且将运输能力约束简单地定义为最大可运输量，并没有深入考虑运输工具具有的最大载重量和最大容积约束。不仅如此，已有研究成果主要考虑的是单种应急物资的调运，对多种应急物资的调运研究较少，将运输能力约束和多种应急物资一并考虑进行研究的更少。与已有研究成果不同，本书所建模型兼顾了单种和多种应急物资需求，同时考虑了运输工具种类、数量及其具有的最大载重量和最大容积约束，更符合救灾实践的现实需要，实用性更强。

（3）提出的 CMOPSO - MCHT 算法可以为同时含有等式约束和不等式约束的约束多目标优化问题提供解决思路。

约束多目标优化问题求解是一个当前运筹学理论的重要研究热点。分析已有研究成果可知，尽管约束多目标优化问题理论上同时存在等式约束和不等式约束，但已有的求解算法（方法）主要考虑的是不等式约束，并未涉足等式约束。本书提出的 CMOPSO - MCHT 算法能有效地解决模型中同时存在的不等式约束和等式约束，可以为同时含有等式约束和不等式约束的约束多目标优化问题提供解决思路。

（4）构建的军队抢险救灾多供应点、多需求点应急物资调运模型适用于不同供需关系、不同应急物资种类、不同运输工具种类条件下的应急物资调运，具有更强的普适性。

已有的研究成果未考虑各需求点对应急物资需求的紧迫程度，只适用于供大于求或供不应求情况下的应急物资调运，且很少同时考虑运输工具和应急物资种类的多样性。与已有研究成果不同，本书所建模型以需求满足率和运达时间为目标，同时考虑了应急物资需求紧迫程度的差异，适用于不同供需关系、不同应急物资种类、不同运输工具种类条件下的应急物资调运，具有更强的普适性。

7.2 工作展望

本书在对国内外相关研究现状进行综述的基础上，应用现代物流理论提出了军队抢险救灾应急物流运作的创新性策略，应用安全库存理论构建了军队抢险救灾应急物资需求量预测的理论和方法，应用运筹学的理论和方法构建了军队抢险救灾多供应点、单需求点应急物资调运模型以及军队抢险救灾多供应点、多需求点应急物资调运模型，并引入 MAS 理论构建了军队抢险救灾应急物资调运决策支持系统架构模型。这些研究成果尽管可以为军队抢险救灾应急物资调运问题提供科学化、系统化的解决理论和方法，但受限于研究时间、精力、条件以及个人能力，书中部分内容还有进一步探究的空间和价值。具体而言，主要包括以下内容。

（1）军队抢险救灾应急物资需求预测模型还有待接受实践的检验和不断

完善。本书关于该内容的研究尽管具有一定的理论依据和潜在应用价值，但所建的模型终究需要接受实践的检验，并在实践中不断改进和完善。

（2）本书针对军队抢险救灾应急物资调运方案的制订构建了两个模型，但两个模型都假定供应点与需求点间的运输时间为确定量，下一步可引入鲁棒性优化方法研究不确定（模糊、区间）信息条件下的调运模型。

（3）关于军队抢险救灾应急物资调运决策支持系统的研究，本书只是从系统框架设计、Agent 功能及结构设计方面进行了理论探究，未能实现系统的建设。下一步，可以尝试原型系统的开发和建设。

（4）本书研究成果是基于应急救援特点形成的理论和方法，下一步可考虑将本书形成的理论成果拓展至军事物流领域，考虑战场的特定环境构建符合战时物资保障特点的相关模型，为军事物流信息化、智能化的发展提供理论支撑。

参考文献

[1] 程文生，康琳．抗震救灾物资保障研究［R］．北京：后勤指挥学院学术研究部，2008：1－18.

[2] 龚卫锋．军事物流信息化发展战略研究［J］．军队采购与物流，2012（3）：5－9.

[3] 陈明德，周根源．抢险救灾后勤保障特点与要求［J］．后勤学术，2009（4）：7－10.

[4] 王忠智．抢险救灾后勤保障的主要任务［J］．后勤学术，2009（4）：15－18.

[5] 崔济温．抢险救灾后勤保障原则［J］．后勤学术，2009（4）：19－22.

[6] 李海龙．抢险救灾后勤保障机制［J］．后勤学术，2009（4）：23－26.

[7] 李志坚．西部高寒地区抢险救灾后勤保障应把握的几个问题［J］．后勤学术，2010（5）：42－43.

[8] 钟永光，毛中根，翁文国，等．非常规突发事件应急管理研究进展［J］．系统工程理论与实践，2012，32（5）：911－918.

[9] 孟晓雪．外军救灾行动后勤保障研究［D］．北京：中国人民解放军后勤指挥学院，2010.

[10] 李大伟．部队抢险救灾后勤指挥问题研究［D］．北京：中国人民解放军后勤指挥学院，2009.

[11] 阎绍川，姜磊，刘军杰，等．美军军事物流理论研究综述［J］．物流科技，2009（7）：128－129.

[12] 张巨富，张楠，李顺永，等．基于“聚焦物流”理论的军事运输发展研究［J］．国防交通工程与技术，2011（6）：7－9.

[13] 王丰，汪贻生，王开勇．军事供应链理论与应用［M］．北京：中国物资出版社，2010.

[14] 路慧湘，申楠公，马文刚．外军应急物流建设的经验及其启示［J］．军事交通学院学报，2010，12（3）：92－95.

[15] 王猛，程晋雷．从汶川抗震救灾谈军地一体应急物流保障体系构建［J］．军事经济学院学报，2008，15（4）：44－46.

[16] 贾润峰，战壮，程霖．救灾行动中应急物流保障存在的问题及对策［J］．军队采购与物流，2008（6）：65－67.

[17] 陈星，刘文开. 对军事应急物流体系建设的思考［J］. 仓储管理与技术，2009（6）：5-6.

[18] 龚卫锋，孙敏. 抗震救灾军队应急物流保障问题研究［M］//全军后勤学术研究中心. 多样化军事任务后勤保障与能力建设研究（下册）北京：金盾出版社，2009：385-392.

[19] 任德泽，刘崇彦，秦忠俊. 构建抢险救灾军地应急支援保障力量体系［J］. 后勤学术，2010（6）：37-38.

[20] 纪海泉，龚延成，潘胜新. 非战争军事行动物流指挥研究［J］. 后勤指挥学院学报，2010（4）：39-42.

[21] 史海英，罗青松，寇晓荣. 军民融合式应急物流保障模式和实现途径［J］. 军队采购与物流，2010（6）：70-72.

[22] 李辉，王敏. 浅谈面向救灾抢险的军事物流应急保障体系建设［J］. 仓储管理与技术，2011（6）：5-6.

[23] 陈可夫，梁博. 军地一体物资应急保障体系建设探要［J］. 军事经济学院学报，2012，19（2）：72-74.

[24] 党恩成. 从抗震救灾实践看军队物资采购保障物流化运作［J］. 军队采购与物流，2009（6）：8-11.

[25] 曹葆华. 战区物资应急采购保障辅助决策系统设计［J］. 军队采购与物流，2012（2）：40-43.

[26] 张立华，彭金忠. 军民融合 体系运作 提升抗震救灾物资应急采购保障能力［J］. 军队采购与物流，2012（4）：22-23.

[27] 马丕状，马玉红，陈建期. 联勤部物资采购站抢险救灾应急采购保障方法［J］. 后勤学术，2014（3）：11-14.

[28] 张安山. 抢险救灾中的军民融合后勤保障［J］. 经济研究导刊，2014（8）：242-243.

[29] 孔志刚. 抢险救灾军事行动军民融合后勤保障［J］. 后勤学术，2009（10）：11-14.

[30] 孙明玺，吴俊卿，张志兴，等. 实用预测方法与案例分析［M］. 北京：科学技术文献出版社，1993.

[31] 傅志妍，陈坚. 灾害应急物资需求预测模型研究［J］. 物流科技，2009，32（10）：11-13.

[32] 吴雪莲，孙丙宇，李文波，等. 基于粗糙集和CBR的救灾口粮需求预测［J］. 计算机工程，2012，38（9）：158-161.

[33] 赵小柠，马昌喜. 基于范例推理的灾害性地震应急物资需求预测研究［J］. 中国安全科学学报，2012，22（8）：3-9.

[34] 刘德元，朱昌锋．基于案例模糊推理的应急物资需求预测研究［J］．兰州交通大学学报，2013，32（1）：138－141.

[35] 罗建锋，周凌云．基于灰色新陈代谢—马尔科夫链的应急物资需求量预测［J］．生产力研究，2012（5）：84－86.

[36] 王正新，刘思峰．基于 Fourier－GM（1，1）模型的灾害应急物资需求量预测［J］．系统工程，2013（8）：60－64.

[37] 王正新．振荡型 GM（1，1）幂模型及其应用［J］．控制与决策，2013，28（10）：1459－1464，1472.

[38] SHEU J B. An emergency logistics distribution approach for quick response to urgent relief demand in disasters［J］. Transportation Research Part E：Logistics and Transportation Review，2007，43（6）：687－709.

[39] SHEU J B. Dynamic relief－demand management for emergency logistics operations under large－scale disasters［J］. Transportation Research Part E：Logistics and Transportation Review，2010，46（1）：1－17.

[40] 郭金芬，周刚．大型地震应急物资需求预测方法研究［J］．价值工程，2011，30（22）：27－29.

[41] 赵一兵，高虹霓，冯少博．基于支持向量机回归的应急物资需求预测［J］．计算机仿真，2013，30（8）：408－412.

[42] ALTAY N，GREEN Ⅲ W G. OR/MS research in disaster operations management［J］. European Journal of Operational Research，2006，175（1）：475－493.

[43] CAUNHYE A M，NIE X F，POKHAREL S. Optimization models in emergency logistics：A literature review［J］. Socio－Economic Planning Sciences，2012，46（1）：4－13.

[44] 刘春林，何建敏，盛昭瀚．多出救点应急系统最优方案的选取［J］．管理工程学报，2000，14（1）：13－15.

[45] 高淑萍，刘三阳．应急系统调度问题的最优决策［J］．系统工程与电子技术，2003，25（10）：1222－1224.

[46] 刘春林，何建敏，盛昭瀚．应急系统调度问题的模糊规划方法［J］．系统工程学报，1999，14（4）：351－355.

[47] 赵林度，刘明，戴东甫．面向脉冲需求的应急资源调度问题研究［J］．东南大学学报（自然科学版），2008，38（6）：1116－1120.

[48] 潘郁，余佳，达庆利．基于粒子群算法的连续性消耗应急资源调度［J］．系统工程学报，2007，22（5）：556－560.

[49] 韩景倜，池为叠，韩小妹．基于应急物流体的应急救援物资调度模型［J］．系统仿真学报，2009，21（18）：5828－5830，5835.

[50] 林欣，李鸿晶．有限运力条件下的地震救灾物资调度模型及方法［J］．防灾减灾工

程学报，2010，30（1）：58－63.

[51] 王威，胡涛，杨建军．单个需求点军械紧急调运的多层规划模型［J］．系统工程与电子技术，2006，28（2）：257－262.

[52] 刘牧，钱新明，郭臣，等．运力约束下油气长输管道应急资源调运模型及算法［J］．北京理工大学学报，2011，31（8）：996－1000.

[53] 刘春林，施建军，李春雨．模糊应急系统组合优化方案选择问题的研究［J］．管理工程学报，2002，16（2）：25－28.

[54] 陈达强．基于应急系统特性分析的应急物资分配优化决策模型研究［D］．杭州：浙江大学，2010.

[55] SRINIVASA A V，WILHELM W E. A procedure for optimizing tactical response in oil spill clean up operations［J］. European Journal of Operational Research，1997，102（3）：554－574.

[56] 戴更新，达庆利．多资源组合应急调度问题的研究［J］．系统工程理论与实践，2000，20（9）：52－55.

[57] 汪欲，何建敏．应急系统中多资源出救方案的研究［J］．东南大学学报（自然科学版），2002，32（3）：510－513.

[58] WU D S，YU Q F，HUANG M L，et al. Resources dispatch model of meeting fatal forest disasters emergency［C］//Fifth International Conference on Fuzzy Systems and Knowledge Discovery（FSKD）. Jinan：IEEE，2008：617－620.

[59] ZHANG L M，LIN Y H，YANG G F，et al. Emergency resources scheduling based on adaptively mutate genetic algorithm［J］. Computers in Human Behavior，2011，27（5）：1493－1498.

[60] TORRE L E D L，DOLINSKAYA I S，SMILOWITZ K R. Disaster relief routing：Integrating research and practice［J］. Socio－Economic Planning Sciences，2012，46（1）：88－97.

[61] GALINDO G，BATTA R. Review of recent developments in OR/MS research in disaster operations management［J］. European Journal of Operational Research，2013，230（2）：201－211.

[62] YI W，ÖZDAMAR L. A dynamic logistics coordination model for evacuation and support in disaster response activities［J］. European Journal of Operational Research，2007，179（3）：1177－1193.

[63] ÖZDAMAR L，DEMIR O. A hierarchical clustering and routing procedure for large scale disaster relief logistics planning［J］. Transportation Research Part E：Logistics and Transportation Review，2012，48（3）：591－602.

[64] NAJAFI M，ESHGHI K，DULLAERT W. A multi－objective robust optimization model for

logistics planning in the earthquake response phase [J]. Transportation Research Part E: Logistics and Transportation Review, 2013, 49 (1): 217-249.

[65] 庞海云，刘南．基于不完全扑灭的应急物资分配博弈模型 [J]．浙江大学学报（工学版），2012，46 (11)：2068-2072，2108.

[66] 魏国强，杨永清．供应不足条件下战时连续消耗资源调度模型 [J]．系统工程与电子技术，2012，34 (1)：102-106.

[67] BERKOUNE D, RENAUD J, REKIK M, et al. Transportation in disaster response operations [J]. Socio-Economic Planning Sciences, 2012, 46 (1): 23-32.

[68] 王旭坪，董莉，陈明天．考虑感知满意度的多受灾点应急资源分配模型 [J]．系统管理学报，2013，22 (2)：251-256.

[69] 孙华丽，周战杰，薛耀锋．考虑路径风险的不确定需求应急物流定位-路径问题 [J]．上海交通大学学报，2013，47 (6)：962-966.

[70] RENNEMO S J, RΦ K F, HVATTUM L M, et al. A three-stage stochastic facility routing model for disaster response planning [J]. Transportation Research Part E: Logistics and Transportation Review, 2014, 62: 116-135.

[71] METE H O, ZABINSKY Z B. Stochastic optimization of medical supply location and distribution in disaster management [J]. International Journal of Production Economics, 2010, 126 (1): 76-84.

[72] CHANG F S, WU J S, LEE C N, et al. Greedy-search-based multi-objective genetic algorithm for emergency logistics scheduling [J]. Expert Systems with Applications, 2014, 41 (6): 2947-2956.

[73] 王旭坪，马超，阮俊虎．考虑公众心理风险感知的应急物资优化调度 [J]．系统工程理论与实践，2013，33 (7)：1735-1742.

[74] DANTZIG G B, RAMSER J H. The truck dispatching problem [J]. Management Science, 1959, 6 (1): 80-91.

[75] 陈森．基于可变路网结构的应急资源调度问题研究 [D]．长沙：国防科学技术大学，2011.

[76] 饶卫振．大规模动态车辆路径问题优化方法研究 [D]．大连：大连理工大学，2012.

[77] YUAN Y, WANG D W. Path selection model and algorithm for emergency logistics management [J]. Computers & Industrial Engineering, 2009, 56 (3): 1081-1094.

[78] ZHANG X G, ZHANG Z L, ZHANG Y J, et al. Route selection for emergency logistics management: A bio-inspired algorithm [J]. Safety Science, 2013, 54: 87-91.

[79] 田军，马文正，汪应洛，等．应急物资配送动态调度的粒子群算法 [J]．系统工程理论与实践，2011，31 (5)：898-906.

[80] 葛洪磊，刘南，张国川，等．基于受灾人员损失的多受灾点、多商品应急物资分配模型［J］．系统管理学报，2010，19（5）：541 –545.

[81] 苏兵，张萌，姬浩．应急救援物资紧缺的配送车辆路径选择研究［J］．运筹与管理，2013，22（6）：57 –64.

[82] BALCIK B，BEAMON B M，SMILOWITZ K. Last mile distribution in humanitarian relief［J］. Journal of Intelligent Transportation Systems：Technology，Planning and Operations，2008，12（2）：51 –63.

[83] LIN Y H，BATTA R，ROGERSON P A，et al. A logistics model for emergency supply of critical items in the aftermath of a disaster［J］. Socio – Economic Planning Sciences，2011，45（4）：132 –145.

[84] BARBAROSOǦLU G，ARDA Y. A two – stage stochastic programming framework for transportation planning in disaster response［J］. Journal of the Operational Research Society，2004，55（1）：43 –53.

[85] 陈森，姜江，陈英武，等．未定路网结构情况下应急物资车辆配送问题模型与应用［J］．系统工程理论与实践，2011，31（5）：907 –913.

[86] YAN S Y，SHIH Y L. Optimal scheduling of emergency roadway repair and subsequent relief distribution［J］. Computers & Operations Research，2009，36（6）：2049 –2065.

[87] 刘亚杰，陈森，徐凤麟．抢险救灾非战争军事行动中应急资源调度网络的优化方法［J］．国防科技大学学报，2012，34（4）：68 –73.

[88] 王海军，王婧，马士华，等．模糊需求条件下应急物资调度的动态决策研究［J］．工业工程与管理，2012，17（3）：16 –22.

[89] 庞海云，刘南，吴桥．应急物资运输与分配决策模型及其改进粒子群优化算法［J］. 控制与决策，2012，27（6）：871 –874，880.

[90] 王绍仁，马祖军．震害紧急响应阶段应急物流系统中的 LRP［J］．系统工程理论与实践，2011，31（8）：1497 –1507.

[91] VITORIANO B，ORTUÑO M T，TIRADO G，et al. A multi – criteria optimization model for humanitarian aid distribution［J］. Journal of Global Optimization，2011，51（2）：189 –208.

[92] AFSHAR A，HAGHANI A. Modeling integrated supply chain logistics in real – time large – scale disaster relief operations［J］. Socio – Economic Planning Sciences，2012，46（4）：327 –338.

[93] FOGLI D，GUIDA G. Knowledge – centered design of decision support systems for emergency management［J］. Decision Support Systems，2013，55（1）：336 –347.

[94] 张毅．基于自然灾害的救灾物资物流决策理论与方法研究［D］．西安：长安大学，2007.

[95] ZOGRAFOS K G, VASILAKIS G M, GIANNOULI I M. Methodological framework for developing decision support systems (DSS) for hazardous materials emergency response operations [J]. Journal of Hazardous Materials, 2000, 71 (1-3): 503-521.

[96] ZOGRAFOS K G, ANDROUTSOPOULOS K N. A decision support system for integrated hazardous materials routing and emergency response decisions [J]. Transportation Research Part C Emerging Technologing, 2008, 16 (6): 684-703.

[97] ZERGER A, SMITH D I. Impediments to using GIS for real-time disaster decision support [J]. Computers Environment and Urban Systems, 2003, 27 (2): 123-141.

[98] RUIZ A, RENAUD J, BERKOUNE D. A decision support system for distribution network design for disaster response [M]. Faculté des sciences de l'administration, Université Laval, 2011.

[99] 曹钰，刘义乐，徐宗昌．应急物资保障决策支持系统研究与设计 [J]．计算机应用，2003，23 (2)：34-36.

[100] 丁传明，杨建军，齐欢．军械物资运输决策支持系统设计 [J]．武汉理工大学学报（信息与管理工程版），2008，30 (6)：932-935.

[101] 柴秀荣．灾害应急救助物资调度系统研究 [D]．合肥：中国科学技术大学，2009.

[102] 姜静逸．机场应急救援的规模决策与资源调配研究 [D]．南京：南京航空航天大学，2010.

[103] 寇苗，贾永刚，刘文全．基于 GIS 的渤海石油平台溢油应急物资调运系统的研究 [J]．环境工程，2010 (S1)：356-359.

[104] 鄂越．基于 Agent 的蜂产品质量控制研究 [D]．北京：中国农业科学院，2012.

[105] 刘博元，范文慧，肖田元．决策支持系统研究现状分析 [J]．系统仿真学报，2011 (Sl)：241-244.

[106] BUI T, LEE J. An agent-based framework for building decision support systems [J]. Decision Support Systems, 1999, 25 (3): 225-237.

[107] DAWSON R J, PEPPE R, WANG M. An agent-based model for risk-based flood incident management [J]. Natural Hazards, 2011, 59 (1): 167-189.

[108] 马燕，郑宇军，凌海风，等．数据驱动的多 Agent 装备器材保障决策支持系统 [J]. 解放军理工大学学报（自然科学版），2010，11 (1)：60-65.

[109] 尹延涛，徐衡博，高杰，等．基于 Multi-Agent 的导弹装备军民一体化维修保障决策支持系统研究 [J]．质量与可靠性，2012 (4)：12-18.

[110] 国防大学战役教研部．应对国家重大突发事件武装力量应用研究（主报告）[R]．北京：国防大学战役教研部，2012.

[111] 全军军事术语管理委员会，军事科学院．中国人民解放军军语（全本）[M]．北京：军事科学出版社，2011.

[112] 王云雷，马永朝．多样化军事任务组织指挥研究［M］．北京：军事科学出版社，2011.

[113] 张文峰．应急物资储备模式及其储备量研究［D］．北京：北京交通大学，2010.

[114] 王恪铭．非常规突发事件应急血液调剂优化问题研究［D］．成都：西南交通大学，2013.

[115] 史利晖，孙博，梁成宝．提高部队抢险救灾后勤保障能力的几点对策［J］．后勤学术，2009（7）：48－49.

[116] 刘分良，卢会．抢险救灾后勤保障组织指挥［J］．后勤学术，2009（4）：27－30.

[117] 曹站和．部队抢险救灾行动后勤保障探析［J］．后勤学术，2010（11）：41－42.

[118] 张连松，南争旗，冉阿丽，等．中国人民解放军非战争军事行动后勤保障［M］．北京：海潮出版社，2004.

[119] 成都军区联勤部．成都军区抗震救灾后勤保障经验［C］//“5·12”汶川抗震救灾部队后勤保障总结．成都：成都军区联勤部，2008：3－12.

[120] 黄谱忠．抢险救灾行动概论［M］．北京：国防大学出版社，1998.

[121] 军队突发事件管理研究小组．军队参加抢险救灾［M］．沈阳：白山出版社，2008.

[122] 岳超源．决策理论与方法［M］．北京：科学出版社，2003.

[123] 欧阳洁．决策管理——理论、方法、技巧与应用［M］．广州：中山大学出版社，2003.

[124] 林勇．供应链库存管理［M］．北京：人民交通出版社，2008.

[125] LIST G F，TURNQUIST M A. Routing and emergency－response－team siting for high－level radioactive waste shipments［J］. IEEE Transactions on Engineering Management，1998，45（2）：141－152.

[126] 刘敏，曾文华．记忆增强的动态多目标分解进化算法［J］．软件学报，2013，24（7）：1571－1588.

[127] JAN M A，KHANUM R A. A study of two penalty－parameterless constraint handling techniques in the framework of MOEA/D［J］. Applied Soft Computing，2013，13（1）：128－148.

[128] 徐斌，祁荣宾，钱锋．基于混合差分进化和 alpha 约束支配处理的多目标优化算法［J］．控制理论与应用，2012，29（3）：353－360.

[129] 尚荣华，焦李成，胡朝旭，等．修正免疫克隆约束多目标优化算法［J］．软件学报，2012，23（7）：1773－1786.

[130] DEB K，PRATAP A，AGRWAL S，et al. A fast and elitist multi－objective genetic algorithm：NSGA－II［J］. IEEE Transactions on Evolutionary Computation，2002，6（2）：182－197.

[131] 郭俊，桂卫华，陈晓方．基于粗糙集理论与差分进化的混合多目标优化算法［J］.

控制与决策，2013，28（5）：736－740.

[132] SINGH H K，RAY T，SMITH W. C－PSA：Constrained Pareto simulated annealing for constrained multi－objective optimization [J]. Information Sciences，2010，180（13）：2499－2513.

[133] MEZURA－MONTES E，COELLO C A C. Constraint－handling in nature－inspired numerical optimization：Past，present and future [J]. Swarm and Evolutionary Computation，2011，1（4）：173－194.

[134] TAKAHAMA T，SAKAI S. Constrained optimization by applying the alpha constrained method to the nonlinear simplex method with mutations [J]. IEEE Transactions on Evolutionary Computation，2005，9（5）：437－451.

[135] LEONG W F. Multi－objective particle swarm optimization：Integration of dynamic population and multiple－swarm concepts and constraint handling [D]. Stillwater：Oklahoma State University，2008.

[136] WOLDESENBET Y G，YEN G G. Tessema B G. Constraint handling in multi－objective evolutionary optimization [J]. IEEE Transactions on Evolutionary Computation，2009，13（3）：514－525.

[137] FAN H M，ZHAO T，ZHAO X Y，et al. Research on emergency relief goods distribution after regional natural disaster occurring [C] //International Conference on Information Management，Innovation Management and Industrial Engineering. Taipei：IEEE，2008：156－161.

[138] LI L D，Yu X H，LI X D，et al. A modified PSO algorithm for constrained multi－objective optimization [C] //Third International Conference on Network and System Security. Gold Coast：IEEE，2009：462－467.

[139] 张勇，巩敦卫，任永强，等. 用于约束优化的简洁多目标微粒群优化算法 [J]. 电子学报，2011，39（6）：1436－1440.

[140] ZITZLER E，DEB K，THIELE L. Comparision of multi－objective evolutionary algorithms：Empirical results [J]. Evolutionary Computation，2000，8（2）：173－195.

[141] Zhou A M，Qu B Y，Li H，et al. Multi－objective evolutionary algorithms：A survey of the state of the art [J]. Swarm and Evolutionary Computation，2011，1（1）：32－49.

[142] HOLGUÍN－VERAS J，PÉREZ N，JALLER M，et al. On the appropriate objective function for post－disaster humanitarian logistics models [J]. Journal of Operations Management，2013，31（5）：262－280.

[143] 张莉，冯大政，李宏. 求解整数非线性规划结合正交杂交的离散 PSO 算法 [J]. 控制与决策，2012，27（9）：1387－1392.

[144] LÖFBERG J. YALMIP：A toolbox for modeling and optimization in MATLAB [C] //

IEEE International Symposium on Computer Aided Control Systems Design. Taipei: IEEE, 2004: 284 - 289.

[145] 杜玉泉，陈秋双，姬晓涛．面向服务的泊位和岸桥联合调度 [J]．计算机集成制造系统，2011，17 (9): 2051 - 2060.

[146] Wooldridge M J, Jennings N R. Intelligent agents: theory and practice [J] . The Knowledge Engineering Review, 1995, 10 (2): 115 - 152.

[147] 刘大有，杨鲲，陈建中．Agent 研究现状与发展趋势 [J]．软件学报，2000，11 (3): 315 - 321.

[148] MADEJSKI J. Survey of the agent - based approach to intelligent manufacturing [J] . Journal of Achievements in Materials and Manufacturing Engineering, 2007, 21 (1): 67 - 70.

[149] SABAR M, MONTEUIL B, FRAYRET J. M. A multi - agent - based approach for personnel scheduling in assembly centers [J] . Engineering Applications of Artificial Intelligence, 2009, 22 (7): 1080 - 1088.

[150] 薛领，诸叶平，雪燕，等．基于 Agent 的农业经济智能决策支持系统研究 [J]．农业系统科学与综合研究，2004，20 (3): 172 - 176.

[151] 詹伟，王兆红，邱菀华．基于 Multi - Agent 的分布式项目管理决策支持系统研究 [J]．计算机应用研究，2007，24 (2): 63 - 65.

[152] 赵辉，孙俊清．MAS 在集装箱港口决策支持系统中的应用研究 [J]．计算机工程与应用，2010，46 (32): 241 - 243.

[153] 周宏，廖雪珍．基于 Agent 的网络物流配送决策系统研究 [J]．系统工程与电子技术，2004，26 (10): 1421 - 1425.

[154] 毛海军．基于 Agent 的宏观经济智能预测决策支持系统研究 [D]．大连：大连理工大学，2003.

[155] 罗莉苹．基于多 Agent 的财务决策支持系统研究 [D]．哈尔滨：哈尔滨理工大学，2008.

[156] 高飞．基于 Agent 的采购管理决策支持系统的研究 [D]．大连：大连海事大学，2008.

[157] 刘京明．基于 Multi - Agent 的评标决策支持系统研究 [D]．济南：山东建筑大学，2012.

[158] 于卫红．基于 JADE 平台的多 Agent 系统开发技术 [M]．北京：国防工业出版社，2011.

[159] 喻振帆，谢敏，刘明波．基于多代理技术的分布式模型预测长期电压稳定紧急控制 [J]．电网技术，2012，36 (4): 108 - 115.

附　　录

附录一：需求量预测仿真程序

```
%% 清屏
clc
clear all
close all
%% 参数初始化
I=3;%被保障对象类型
J=4;%j=1 是帐篷，为非消耗性应急物资；其余为连续消费性应急物资
K=21;
C=zeros(I,K);%被保障的各类人员数，从第一行到第三行分别表示伤员、救援人员和受灾人员
L=zeros(1,K);
A=zeros(J,K);
B=zeros(J,K);
D=zeros(J,K);
Thegma_J=zeros(J,K);
Thegma_L=zeros(1,K);
d=zeros(J,K);
a=[0.25,30,160,75;0.25,80,180,0;0.25,50,160,0];
Z_alpha=1.65;
delta_t=6;
C(1,:)=[9693,9693,9693,9693,9321,9300,9475,9687,9351,9210,8365,
8360,8230,8230,8230,8230,7943,7942,7931,7862,7765];
C(2,:)=[980,980,1100,1100,2100,2500,2500,3000,3000,3450,3450,
3450,3450,3450,3450,3450,3450,3450,2800,2800,2800];
C(3,:)=[15781,15781,15781,15781,15781,15781,15781,15781,15781,
15781,15781,15781,15781,15781,15781,15781,13752,13752,13752,13752,
```

```
13752];
d = a' * C;
figure (1)
subplot (2, 2, 1)
plot (9: K+8, C (1,:),'k','LineWidth', 1)
xlabel ( {'时间序列',' (a)'})
ylabel ('伤员人数')
axis ( [9, K+8, 7500, 10000])
grid on
subplot (2, 2, 2)
plot (9: K+8, C (2,:),'k','LineWidth', 1)
xlabel ( {'时间序列',' (b)'})
ylabel ('救灾部队人数')
    axis ( [9, K+8, 0, 4000])
    grid on
    subplot (2, 2, 3)
    plot (9: K+8, C (3,:),'k','LineWidth', 1)
    xlabel ( {'时间序列',' (c)'})
    ylabel ('受灾人员数')
    axis ( [9, K+8, 1.3*10^4, 1.6*10^4])
    grid on
    subplot (2, 2, 4)
    plot (9: K+8, C (1,:) +C (2,:) +C (3,:),'k','LineWidth', 1)
    xlabel ( {'时间序列',' (d)'})
    ylabel ('被保障对象总数')
    axis ( [9, K+8, 2.42*10^4, 2.9*10^4])
    grid on
    L = [5, 5.2, 6.3, 7.2, 7.2, 7.3, 7.2, 7.8, 7.4, 6.1, 6.2, 6.0, 4.2, 4.1,
    4.0, 2.3, 1.9, 1.8, 1.8, 1.8, 1.8];
    T = [6, 6, 6, 6, 6, 6, 6, 6, 6, 6, 6, 6, 6, 6, 6, 6, 6, 6, 6, 6, 6];
    figure
    plot (9: K+8, L,'k','LineWidth', 1)
    grid on
    xlabel ('时间序列')
    ylabel ('各时刻提前期均值')
```

```
axis ([9, K+8, 0, 8])
B = [3000, 0, 2400, 1200, 1100, 0, 0, 0, 0, 0, 0, 0, 0, 0, 0, 0, 0, 0, 0, 0, 0; 20000*10^2, 0, 34000*10^2, 62000*10^2, 0, 0, 0, 0, 0, 1800*10^2, 9000*10^2, 35370*10^2, 0, 25010*10^2, 0, 1000*10^2, 23000*10^2, 12501*10^2, 0, 13289*10^2, 26002*10^2; 50000*10^2, 0, 32500*10^2, 73480*10^2, 12020*10^2, 0, 53240*10^2, 13450*10^2, 60123*10^2, 38263*10^2, 10230*10^2, 86340*10^2, 74831*10^2, 0, 14002*10^2, 8200*10^2, 94982*10^2, 0, 60230, 12983*10^2, 32918*10^2; 8100*10^2, 0, 15320*10^2, 7231*10^2, 2310*10^2, 7380*10^2, 6823*10^2, 3245*10^2, 6849*10^2, 7983*10^2, 4830*10^2, 8954*10^2, 7380*10^2, 4783*10^2, 8376*10^2, 6743*10^2, 5639*10^2, 8982*10^2, 3240*10^2, 6928*10^2, 5300*10^2];
A = [3000, 3000, 5400, 6600, 7700, 7700, 7700, 7700, 7700, 7700, 7700, 7700, 7700, 7700, 7700, 7700, 7700, 7700, 7700, 7700, 7700; 20000*10^2, 8000*10^2, 30000*10^2, 78000*10^2, 65570*10^2, 55430*10^2, 44200*10^2, 31860, 20076*10^2, 6630*10^2, 4230*10^2, 27300*10^2, 13000*10^2, 24550*10^2, 12360*10^2, 500*10^2, 15380*10^2, 13561*10^2, 230*10^2, 2390*10^2, 12320*10^2; 50000*10^2, 13459*10^2, 7890*10^2, 45330*10^2, 21030*10^2, 0, 14370*10^2, 0, 21487*10^2, 22432, 0, 48592*10^2, 91020*10^2, 54201*10^2, 31050*10^2, 0, 57406*10^2, 21400*10^2, 46180*10^2, 31500*10^2, 23584*10^2; 8100*10^2, 800*10^2, 9230*10^2, 9151*10^2, 4151*10^2, 4555*10^2, 4258*10^2, 373*10^2, 0, 1273*10^2, 0, 2222*10^2, 3282*10^2, 1755*10^2, 3239*10^2, 3662*10^2, 2881*10^2, 4972*10^2, 1232*10^2, 1248*10^2, 638*10^2];
figure
subplot (2, 2, 1)
plot (9: K+8, B (1,:),'k-','LineWidth', 1)
hold on
plot (9: K+8, A (1,:),'k:','LineWidth', 1)
xlabel ({'时间序列',' (a)'})
ylabel ('帐篷')
axis ([9, K+8, -1000, 8000])
legend ('到货量','库存量')
subplot (2, 2, 2)
plot (9: K+8, B (2,:),'k-','LineWidth', 1)
hold on
plot (9: K+8, A (2,:),'k:','LineWidth', 1)
```

```
xlabel ( {'时间序列',' (b)'})
ylabel ('压缩干粮')
axis ( [9, K+8, -1*10^6, 8*10^6])
legend ('到货量','剩余库存量')
subplot (2, 2, 3)
plot (9: K+8, B (3,:),'k-','LineWidth', 1)
hold on
plot (9: K+8, A (3,:),'k:','LineWidth', 1)
xlabel ( {'时间序列',' (c)'})
ylabel ('瓶装水')
axis ( [9, K+8, -1*10^6, 10*10^6])
% legend ('到货量','剩余库存量')
subplot (2, 2, 4)
plot (9: K+8, B (4,:),'k-','LineWidth', 1)
hold on
plot (9: K+8, A (4,:),'k:','LineWidth', 1)
xlabel ( {'时间序列',' (d)'})
ylabel ('消炎药')
axis ( [9, K+8, -1*10^5, 1.6*10^6])
legend ('到货量','剩余库存量')
for k=1: K
    Thegma_ L (k) =std (L (1: k), 1);
    for j=1: J
        %求取 Thegma_ J
        ZJBL=0;
        if k==1
            if j==1
                Thegma_ J (j, k) =0;
            else
                Thegma_ J (2, k) =1358240;
                Thegma_ J (3, k) =4.279676666666667e+06;
                Thegma_ J (4, k) =8.486416666666666e+05;
            end
        else
            if j~=1
```

```
                for m =0: k -2
ZJBL = ZJBL + ((A (j, k -m) -A (j, k -m -1) -B (j, k -m)) /delta_ t -d (j, k -m -1)) ^2;
            end
            Thegma_ J (j, k) =sqrt (ZJBL/ (k -1));
        end
    end
    if j ==1
        D (j, k) =max (0, d (j, k) -A (j, k));
    else
        if T (k) < =L (k)
D (j, k) =max (0, d (j, k) * L (k) + Z_ alpha * sqrt (L (k) * (Thegma_ J (j, k) ^2) + (Thegma_ L (k) ^2) * (d (j, k) ^2)) -A (j, k));
        else
D (j, k) =max (0, d (j, k) * L (k) + Z_ alpha * sqrt (L (k) * (Thegma_ J (j, k) ^2) + (Thegma_ L (k) ^2) * (d (j, k) ^2)) + Z_ alpha * sqrt ((T (k) -L (k)) * (Thegma_ J (j, k) ^2)) -A (j, k));
            end
        end
    end
end
figure
subplot (2, 2, 1)
plot (9: K +8, D (1,:),'k','LineWidth', 1)
xlabel ( {'时间序列',' (a)'})
ylabel ('帐篷需求量/顶')
axis ( [9, 29, -1000, 5000])
grid on
subplot (2, 2, 2)
plot (9: K +8, D (2,:),'k','LineWidth', 1)
xlabel ( {'时间序列',' (b)'})
ylabel ('压缩干粮需求量/克')
axis ( [9, 29, 5 * 10^6, 2 * 10^7])
grid on
subplot (2, 2, 3)
```

```
plot (9: K+8, D (3,:),'k','LineWidth', 1)
xlabel ( {'时间序列',' (c)'})
ylabel ('瓶装水需求量/毫升')
axis ( [9, 29, 1*10^7, 6*10^7])
grid on
subplot (2, 2, 4)
plot (9: K+8, D (4,:),'k','LineWidth', 1)
xlabel ( {'时间序列',' (d)'})
ylabel ('消炎药需求量/毫克')
axis ( [9, 29, 2*10^6, 10*10^6])
grid on
```

附录二：第 4 章算法源代码

1. CMOPSO - MCHT 算法

```
function [FeaNonPop, FeaNonFv, FeaNonQ] =HCH_ CMOPSO (qvt, d, a, b, t, QVC, L, ParSwarm, PS_ fv, PS_ Q, Pbest, PB_ fv, PB_ Q, V, N1, Maxc, Minc, Beta0, LoopCount)
% 可行解与不可行解进行划分
[fp_ P, fp_ fv, fp_ Q, nfp_ P, nfp_ fv, nfp_ Q] =nafDiv (ParSwarm, PS_ fv, PS_ Q);
%将粒子群分为可行解和不可行解
%可行非支配解集更新
FeaNonPop = [];
FeaNonFv = [];
FeaNonQ = [];
[FeaNonPop, FeaNonFv, FeaNonQ] = updateFNP (fp_ P, fp_ fv, fp_ Q, FeaNonPop, FeaNonFv, FeaNonQ);
% 非支配解集更新（由于初始化种群全为可行解，因此种群中不存在不可行解）
ModNonPop = FeaNonPop;
ModNonFv = FeaNonFv;
ModNonQ = FeaNonQ;
%% 迭代寻优
for i =1: LoopCount
%显示迭代的次数:
```

```
disp ('- - - - - - - - - - - - - - - - - - - - - - - - - - - - - - - - - - - - - - - -')
    TempStr = sprintf ('CMOPSO - MCHT 算法第 %i 次迭代', i);
    disp (TempStr);
    disp ('- - - - - - - - - - - - - - - - - - - - - - - - - - - - - - - - - - - - - - -')
% 调用一步迭代的算法
[ParSwarm, PS_ fv, PS_ Q, Pbest, PB_ fv, PB_ Q, V, FeaNonPop, FeaNonFv, FeaNonQ, ModNonPop, ModNonFv, ModNonQ] = HCH_ stepFindFunc (qvt, d, a, b, t, QVC, L, ParSwarm, PS_ fv, PS_ Q, Pbest, PB_ fv, PB_ Q, V, FeaNonPop, FeaNonFv, FeaNonQ, ModNonPop, ModNonFv, ModNonQ, N1, Maxc, Minc, Beta0, LoopCount, i);
End

function
[ParSwarm, PS_ fv, PS_ Q, Pbest, PB_ fv, PB_ Q, V] = InitPSO (qvt, d, a, b, t, QVC, L, SwarmSize)
% 初始化种群并计算粒子的目标函数和约束违反程度
for g = 1: SwarmSize
    ParSwarm (g,:) = randomGenerationSwarm (qvt, a, b, QVC, L);
    OneSwarm = ParSwarm (g,:);
    PS_ fv (g,:) = fitnessFun (qvt, d, a, b, t, QVC, L, OneSwarm);% 适应度函数
    PS_ Q (g,:) = consCount (qvt, a, b, QVC, L, OneSwarm);% 约束违反程度，由于初始解全为可行解，因此 Q 应该全为 0
end
% 粒子的约束违反程度归一化
PS_ Q = normCons (PS_ Q);
% 初始化各粒子速度为 0
V = zeros (SwarmSize, size (ParSwarm, 2));
% 初始化个体最优位置、适应度值及约束违反程度
Pbest = ParSwarm;
PB_ fv = PS_ fv;
PB_ Q = PS_ Q;
% 粒子的约束违反程度归一化
PS_ Q = normCons (PS_ Q);

function
[ParSwarm, PS_ fv, PS_ Q, Pbest, PB_ fv, PB_ Q, V, FeaNonPop, FeaNonFv, FeaN-
```

```
onQ, ModNonPop, ModNonFv, ModNonQ] =HCH_ stepFindFunc (qvt, d, a, b, t, QVC, L, ParSwarm, PS_ fv, PS_ Q, Pbest, PB_ fv, PB_ Q, V, FeaNonPop, FeaNonFv, FeaNonQ, ModNonPop, ModNonFv, ModNonQ, N1, Maxc, Minc, Beta0, LoopCount, CurCount)
%% 惯性权重参数设置
w =0.5 +1/ (2 * (log (CurCount) +1));
%% 学习因子参数设置
c1 = Maxc - CurCount * ( (Maxc - Minc) /LoopCount);
c2 = Maxc - CurCount * ( (Maxc - Minc) /LoopCount);
%% 得到种群规模信息
SwarmSize = size (ParSwarm, 1);% ParRow 种群规模; ParCol 粒子维数
for row = 1: SwarmSize
    %% 更新全局最优位置，从 ModNonPop 中随机选择一个粒子作为全局最优粒子
    Order = randperm (size (ModNonPop, 1));
    index = Order (1);
    Gbest = ModNonPop (index,:);
    %% 进行整数约束、非负约束、超平面约束的速度控制策略
    TempV = VControl (a, b, L, ParSwarm, V, Pbest, Gbest, row, w, c1, c2);
    %% 新粒子位置、适应值及约束违反程度
    TempPos = ParSwarm (row,:) +TempV;
    Tempfitness = fitnessFun (qvt, d, a, b, t, QVC, L, TempPos);% 适应度函数
    TempQ = consCount (qvt, a, b, QVC, L, TempPos);
    TempQ = normCons (TempQ);
    %% 个体位置、速度、适应度值和约束违反程度更新
    ParSwarm (row,:) =TempPos;
    V (row,:) =TempV;
    PS_ fv (row,:) =Tempfitness;
    PS_ Q (row,:) =TempQ;
end
%% 更新 FeaNonPop 及相关
% 可行解与不可行解集进行划分
[fp_ P, fp_ fv, fp_ Q, nfp_ P, nfp_ fv, nfp_ Q] =nafDiv (ParSwarm, PS_ fv, PS_ Q);% 将粒子群分为可行解和不可行解
[FeaNonPop, FeaNonFv, FeaNonQ] = updateFNP (fp_ P, fp_ fv, fp_ Q, FeaNonPop, FeaNonFv, FeaNonQ);
%% 更新 ModNonPop 及相关
```

```
[ModNonPop, ModNonFv, ModNonQ] =updateMNP (ParSwarm, PS_ fv, PS_ Q, ModNon-
Pop, ModNonFv, ModNonQ, N1);
%% 更新个体最优粒子
[Pbest, PB_ fv, PB_ Q] =updatePbest_ MOF (Pbest, PB_ fv, PB_ Q, ParSwarm, PS_
fv, PS_ Q, Beta0, CurCount, LoopCount);

function [fitness] =fitnessFun (qvt, d, a, b, t, QVC, L, OneSwarm)
n=size (a, 1);
m=size (b, 2);
l=size (L, 2);
N=zeros (n, 1);
f11=zeros (n, 1);
f22=zeros (n, 1);
f33=zeros (n, 1);
w=zeros (n, 1);
    for i=1: n
        for k=1: l
w (i, k) =abs (0^sum (OneSwarm (1, ((i-1) *m*l+ (k-1) *m+1):
((i-1) *m*l+ (k-1) *m+m))) -1);
N (i, k) =max (ceil ((OneSwarm (1, ((i-1) *m*l+ (k-1) *m+1):
((i-1) *m*l+ (k-1) *m+m)) *qvt (:, 1)) /QVC (k, 1)), ceil ((OneSwarm
(1, ((i-1) *m*l+ (k-1) *m+1): ((i-1) *m*l+ (k-1) *m+m)) *
qvt (:, 2)) /QVC (k, 2)));
f11 (i, k) =OneSwarm (1, ((i-1) *m*l+ (k-1) *m+1): ((i-1) *m*l+
(k-1) *m+m)) *qvt (:, 3) +w (i, k) *t (i, k);%
            f22 (i, k) =QVC (k, 3) *N (i, k) *d (i, k);%
            fif N (i, k) ==0
                f33 (i, k) =0;
            else

f33 (i, k) =max (OneSwarm (1, ((i-1) *m*l+ (k-1) *m+1): ((i-1) *
m*l+ (k-1) *m+m)) *qvt (:, 1) /N (i, k) /QVC (k, 1), OneSwarm (1,
((i-1) *m*l+ (k-1) *m+1): ((i-1) *m*l+ (k-1) *m+m)) *
qvt (:, 2)/N (i, k) /QVC (k, 2));
        end
```

```
        end
end
        fitness (1, 1) =max (max (f11));% 应急响应时间
        fitness (1, 2) =1 - sum (sum (f33)) /sum (sum (w));% 平均空载率

function [Q] =consCount (qvt, a, b, QVC, L, OneSwarm)
% 求解约束违反程度
n=size (a, 1);
m=size (b, 2);
l=size (L, 2);
N=zeros (n, l);
cf11=zeros (n, m);
cf22=zeros (n, l);
cf33=zeros (1, n*m*l);
    for i=1: n
        for k=1: l
N (i, k) =max (ceil ((OneSwarm (1, ((i-1) *m*l+ (k-1) *m+1): ((i-1) *m*l+ (k-1) *m+m)) *qvt (:, 1)) /QVC (k, 1)), ceil ((OneSwarm (1, ((i-1) *m*l+ (k-1) *m+1): ((i-1) *m*l+ (k-1) *m+m)) *qvt (:, 2)) /QVC (k, 2)));
cf11 (i,:) =cf11 (i,:) +OneSwarm (1, ((i-1) *m*l+ (k-1) *m+1): ((i-1) *m*l+ (k-1) *m+m));
        end
        cf33 (1,:) =OneSwarm (1,:);
    end
    cf22=N - L;
    cf1=sum (sum (max ((cf11 - a), 0)));% 最大储备量约束违反程度
    cf2=sum (sum (max (cf22, 0)));% 运输工具拥有量约束违反程度
    cf3=sum (max ((0 - cf33), 0));% 非负约束违反程度，通过速度限定后都应该为自然数，因此此项应该每次计算值为0
    Q (1, 1) =cf1;
    Q (1, 2) =cf2;
function PS_Q=normCons (PS_Q)
for g=1: 2
dc_max (1, g) =max (PS_Q (:, g));
```

```
end
if dc_ max (1, 1) ==0&&dc_ max (1, 2) ~ =0
    for g=1: size (PS_ Q, 1)
        PS_ Q (g, 3) =0.5* (PS_ Q (g, 2) /dc_ max (1, 2));
    end
elseif dc_ max (1, 1) ==0&&dc_ max (1, 2) ==0
        PS_ Q (:, 3) =0;
elseif dc_ max (1, 1) ~ =0&&dc_ max (1, 2) ==0
    for g=1: size (PS_ Q, 1)
        PS_ Q (g, 3) =0.5* (PS_ Q (g, 1) /dc_ max (1, 1));
    end
else
    for g=1: size (PS_ Q, 1)
        PS_ Q (g, 3) =0.5* (PS_ Q (g, 1) /dc_ max (1, 1) +PS_ Q (g, 2) /
dc_ max (1, 2));
    end
end

function
[fp_ P, fp_ fv, fp_ Q, nfp_ P, nfp_ fv, nfp_ Q] =nafDiv (ParSwarm, PS_ fv, PS_ Q)
fp_ P= [];
fp_ fv= [];
fp_ Q= [];
nfp_ P= [];
nfp_ fv= [];
nfp_ Q= [];
k1 =1;
k2 =1;
for g=1: size (ParSwarm, 1)
    if PS_ Q (g, 3) ==0
        fp_ P (k1,:) =ParSwarm (g,:);
        fp_ fv (k1,:) =PS_ fv (g,:);
        fp_ Q (k1,:) =PS_ Q (g,:);
        k1 =k1 +1;
```

```
    else
        nfp_ P (k2,:) =ParSwarm (g,:);
        nfp_ fv (k2,:) =PS_ fv (g,:);
        nfp_ Q (k2,:) =PS_ Q (g,:);
        k2 = k2 +1;
    end
end

function
[Pbest, PB_ fv, PB_ Q] =updatePbest_ MOF (Pbest, PB_ fv, PB_ Q, ParSwarm, PS_
fv, PS_ Q, Beta0, CurCount, LoopCount)
if CurCount < =0.7 * LoopCount
    Beta = Beta0 * cos (CurCount/ (0.7 * LoopCount) * pi/2);
else
    Beta =0;
end
SwarmSize = size (ParSwarm, 1);
Q = [PB_ Q
    PS_ Q];
PB_ Q = [];
PS_ Q = [];
Q = normCons (Q);
for g =1: SwarmSize
    PB_ Q (g,:) =Q (g,:);
    PS_ Q (g,:) =Q (SwarmSize +g,:);
end
for g =1: SwarmSize
    if (PS_ Q (g, end) < Beta && PB_ Q (g, end) < Beta) | | (PS_ Q (g, end)
 == Beta && PB_ Q (g, end) == Beta)
        if all (PS_ fv (g,:) < = PB_ fv (g,:)) && any (PS_ fv (g,:) < PB_ fv
(g,:))
            Pbest (g,:) =ParSwarm (g,:);
            PB_ fv (g,:) =PS_ fv (g,:);
            PB_ Q (g,:) =PS_ Q (g,:);
        end
```

```
    end
    if (PS_ Q (g, end) < Beta && PB_ Q (g, end) > Beta) | | (PS_ Q (g, end)
< Beta && PB_ Q (g, end) == Beta) | | (PS_ Q (g, end) == Beta && PB_ Q (g,
end) > Beta)
        Pbest (g,:) =ParSwarm (g,:);
        PB_ fv (g,:) =PS_ fv (g,:);
        PB_ Q (g,:) =PS_ Q (g,:);
    end
end

function
[ModNonPop, ModNonFv, ModNonQ] =updateMNP (ParSwarm, PS_ fv, PS_ Q, ModNon-
Pop, ModNonFv, ModNonQ, N1)
TModNonPop = [ParSwarm
    ModNonPop];
TModNonFv = [PS_ fv
    ModNonFv];
TModNonQ = [PS_ Q
    ModNonQ];
ModNonPop = [ ];
ModNonFv = [ ];
ModNonQ = [ ];
TModNonQ = normCons (TModNonQ);
ParRow = size (TModNonPop, 1);% 待修正的种群规模
NumObj = size (TModNonFv, 2);% 目标个数
%% 目标函数归一化
for g = 1: NumObj
    f_ max (1, g) =max (TModNonFv (:, g));
    f_ min (1, g) =min (TModNonFv (:, g));

NTModNonFv (:, g) = (TModNonFv (:, g) -f_ min (1, g)) / (f_ max (1, g) -
f_ min (1, g));
end
%% 计算可行解比例
NumFea =0;
```

```
for g = 1: ParRow
    if TModNonQ (g, end) ==0
        NumFea = NumFea + 1;
    end
end
Alpha = NumFea/ParRow;
%% 目标函数修正
if Alpha ==0
    for g = 1: ParRow
        for i = 1: NumObj
            NTModNonFv (g, i) =TModNonQ (g, end);
        end
    end
end

if (0 < Alpha) && (Alpha <1)
    for g = 1: ParRow
        if TModNonQ (g, end) ~ =0
            for i = 1: NumObj
NTModNonFv (g, i) =sqrt (NTModNonFv (g, i) ^2 + TModNonQ (g, end) ^2) + (1 -
Alpha) * TModNonQ (g, end) + Alpha * NTModNonFv (g, i);
            end
        end
    end
end
%% 按照支配关系更新 ModNonPop 及相关参数
    k =0;
    for i =1: size (NTModNonFv, 1)
        flag =0;% 没有被支配
        % 判断该点是否非劣
        for j =1: size (NTModNonFv, 1)
            if j ~ =i
                if all (NTModNonFv (i,:) > = NTModNonFv (j,:)) && any (NTMod-
NonFv (i,:) >NTModNonFv (j,:))% 有一次被支配, 即不是非劣解
```

```
                    flag = 1;
                    break;
                end
            end
        end
        %判断有无被支配
        if flag == 0
            k = k + 1;
            ModNonPop（k,:） = TModNonPop（i,:）;%记录非劣解
            ModNonFv（k,:） = TModNonFv（i,:）;
            ModNonQ（k,:） = TModNonQ（i,:）;
        end
    end
%% 去掉重复粒子
flj = ModNonFv;
fljx = ModNonPop;
fljq = ModNonQ;
ModNonPop = [ ];
ModNonFv = [ ];
ModNonQ = [ ];
%去掉重复粒子
repflag = 0;                    %重复标志
k = 1;                          %不同非劣解粒子数
flj2 = [ ];                     %存储不同非劣解
fljx2 = [ ];                    %存储不同非劣解粒子位置
fljq2 = [ ];
flj2（k,:） = flj（1,:）;
fljx2（k,:） = fljx（1,:）;
fljq2（k,:） = fljq（1,:）;
for j = 2: size（flj, 1）
    repflag = 0;%重复标志
    for i = 1: size（flj2, 1）
        result = （fljx（j,:） == fljx2（i,:））;
        if length（find（result == 1）） == size（fljx, 2）
            repflag = 1;%有重复
```

```
        end
    end
    %粒子不同，存储
    if repflag ==0
        k = k +1;
        flj2 (k,:) =flj (j,:);
        fljx2 (k,:) =fljx (j,:);
        fljq2 (k,:) =fljq (j,:);
    end
end
%非劣解更新
ModNonPop = fljx2;
ModNonFv = flj2;
ModNonQ = fljq2;
%% 如果超过规模则进行拥挤距离排序，并筛选拥挤距离较大的非劣解
if size (ModNonPop, 1) >N1
    [CrowD] =calcCrowdingDis (ModNonFv);

    MEfp_ P = ModNonPop;
    ModNonPop = [];

    MEfp_ fv = ModNonFv;
    ModNonFv = [];

    MEfp_ Q = ModNonQ;
    ModNonQ = [];


    [ss, index] =sort (CrowD,'descend');
    for g =1: N1
        ModNonPop (g,:) =MEfp_ P (index (g),:);
        ModNonFv (g,:) =MEfp_ fv (index (g),:);
        ModNonQ (g,:) =MEfp_ Q (index (g),:);
    end
end
```

```
function
[Efp_ P, Efp_ fv, Efp_ Q] = updateFNP (fp_ P, fp_ fv, fp_ Q, Efp_ P, Efp_ fv,
Efp_ Q)
TEfp_ P = [Efp_ P
     fp_ P];
TEfp_ fv = [Efp_ fv
     fp_ fv];
TEfp_ Q = [Efp_ Q
     fp_ Q];
Efp_ P = [];
Efp_ fv = [];
Efp_ Q = [];
%% 按照支配关系更新外部可行解集，选出非劣解
     k =0;
     for i =1: size (TEfp_ P, 1)
          flag =0;%没有被支配
          %判断该点是否非劣
          for j =1: size (TEfp_ P, 1)
               if j ~ =i
                    if all (TEfp_ fv (i,:) > =TEfp_ fv (j,:)) &&
any (TEfp_ fv (i,:) >TEfp_ fv (j,:))%有一次被支配，即不是非劣解
                         flag =1;
                         break;
               end
          end
     end

          %判断有无被支配
          if flag ==0
               k =k +1;
               Efp_ P (k,:) =TEfp_ P (i,:);%记录非劣解
               Efp_ fv (k,:) =TEfp_ fv (i,:);
               Efp_ Q (k,:) =TEfp_ Q (i,:);
          end
     end
```

```
%% 去掉重复粒子
flj = Efp_ fv;
fljx = Efp_ P;
fljq = Efp_ Q;
Efp_ P = [ ];
Efp_ fv = [ ];
Efp_ Q = [ ];
%去掉重复粒子
repflag = 0;                %重复标志
k = 1;                      %不同非劣解粒子数
flj2 = [ ];                 %存储不同非劣解
fljx2 = [ ];                %存储不同非劣解粒子位置
fljq2 = [ ];
flj2 (k,:) = flj (1,:);
fljx2 (k,:) = fljx (1,:);
fljq2 (k,:) = fljq (1,:);
for j = 2: size (flj, 1)
    repflag = 0;%重复标志
    for i = 1: size (flj2, 1)
        result = (fljx (j,:) == fljx2 (i,:));
        if length (find (result == 1)) == size (fljx, 2)
            repflag = 1;%有重复
        end
    end
    %粒子不同，存储
    if repflag == 0
        k = k + 1;
        flj2 (k,:) = flj (j,:);
        fljx2 (k,:) = fljx (j,:);
        fljq2 (k,:) = fljq (j,:);
    end
end
%非劣解更新
Efp_ P = fljx2;
Efp_ fv = flj2;
```

```
Efp_ Q = fljq2;

function [CrowD] = calcCrowdingDis (Efp_ fv)
C = Efp_ fv';% 矩阵变形
D = zeros (size (C));
for j = 1: size (Efp_ fv, 2) % 所有个体的第 j 个目标函数
    [SCj k] = sort (C (j,:));
    D (j, k (1)) = inf;
    D (j, k (end)) = inf;
    D (j, k (2: end - 1)) = (SCj (3: end) - SCj (1: end - 2)) / (SCj (end) -
SCj (1));
end
D = sum (D, 1);% 列相加
CrowD = D';
```

2. M - CMOPSO 算法

```
function
[FeaNonPop, FeaNonFv, FeaNonQ] = M_ CMOPSO (qvt, d, a, b, t, QVC, L, ParSwarm, PS_ fv, PS_ Q, Pbest, PB_ fv, PB_ Q, V, Maxc, Minc, LoopCount)
% 初始化全局最优位置、适应度值及约束违反程度
Gbest = [];
GB_ fv = [];
GB_ Q = [];
[Gbest, GB_ fv, GB_ Q] = updateGbest_ MCMOPSO (ParSwarm, PS_ fv, PS_ Q, Gbest, GB_ fv, GB_ Q);
% 可行解与不可行解集进行划分
[fp_ P, fp_ fv, fp_ Q, nfp_ P, nfp_ fv, nfp_ Q] = nafDiv (ParSwarm, PS_ fv, PS_ Q);% 将粒子群分为可行解和不可行解
% 可行非支配解集更新
FeaNonPop = [];
FeaNonFv = [];
FeaNonQ = [];
[FeaNonPop, FeaNonFv, FeaNonQ] = updateFNP (fp_ P, fp_ fv, fp_ Q, FeaNonPop, FeaNonFv, FeaNonQ);
% 非支配解集更新（由于初始化种群全为可行解，因此种群中不存在不可行解）
%% 迭代寻优
```

```
for i = 1: LoopCount
    % 显示迭代的次数:
    disp ('----------------------------------')
    TempStr = sprintf ('M-CMOPSO 算法第 %i 次迭代', i);
    disp (TempStr);
    disp ('----------------------------------')
    % 调用一步迭代的算法
[ParSwarm, PS_ fv, PS_ Q, Pbest, PB_ fv, PB_ Q, V, FeaNonPop, FeaNonFv, FeaNonQ, Gbest, GB_ fv, GB_ Q] = M_ stepFindFunc (qvt, d, a, b, t, QVC, L, ParSwarm, PS_ fv, PS_ Q, Pbest, PB_ fv, PB_ Q, V, FeaNonPop, FeaNonFv, FeaNonQ, Gbest, GB_ fv, GB_ Q, Maxc, Minc, LoopCount, i);
end

function
[Gbest, GB_ fv, GB_ Q] = updateGbest_ MCMOPSO (ParSwarm, PS_ fv, PS_ Q, Gbest, GB_ fv, GB_ Q)
TGbest = [ParSwarm
    Gbest];
Gbest = [ ];

TGB_ fv = [PS_ fv
    GB_ fv];
GB_ fv = [ ];

TGB_ Q = [PS_ Q
    GB_ Q];
GB_ Q = [ ];

TGB_ Q = normCons (TGB_ Q);
for g = 1: size (TGB_ fv, 2)
     [v, index] = min (TGB_ fv (:, g));
    NTGbest (g,:) = TGbest (index,:);
    NTGB_ fv (g,:) = TGB_ fv (index,:);
    NTGB_ Q (g,:) = TGB_ Q (index,:);
end
```

```
if size (NTGbest, 1) >2
% 目标数超过3个
    disp ('-------------------------------------')
    TempStr = sprintf ('目标数超过3个了!');
    disp (TempStr);
    disp ('-------------------------------------')
else
    if NTGB_ Q (1, end) ==0&&NTGB_ Q (1, end) ~ =0
        Gbest = NTGbest (1,:);
        GB_ fv = NTGB_ fv (1,:);
        GB_ Q = NTGB_ Q (1,:);
    elseif NTGB_ Q (1, end) ==0&&NTGB_ Q (1, end) ==0
        index = randperm (2);
        Gbest = NTGbest (index (1),:);
        GB_ fv = NTGB_ fv (index (1),:);
        GB_ Q = NTGB_ Q (index (1),:);
    elseif NTGB_ Q (1, end) ~ =0&&NTGB_ Q (1, end) ==0
        Gbest = NTGbest (2,:);
        GB_ fv = NTGB_ fv (2,:);
        GB_ Q = NTGB_ Q (2,:);
    else
         [v, index] =min (NTGB_ Q (:, end));
        Gbest = NTGbest (index,:);
        GB_ fv = NTGB_ fv (index,:);
        GB_ Q = NTGB_ Q (index,:);
    end
end

function
[ParSwarm, PS_ fv, PS_ Q, Pbest, PB_ fv, PB_ Q, V, FeaNonPop, FeaNonFv, FeaNonQ, Gbest, GB_ fv, GB_ Q] = M_ stepFindFunc (qvt, d, a, b, t, QVC, L, ParSwarm, PS_ fv, PS_ Q, Pbest, PB_ fv, PB_ Q, V, FeaNonPop, FeaNonFv, FeaNonQ, G, GB_ fv, GB_ Q, Maxc, Minc, LoopCount, CurCount)
%% 惯性权重参数设置
```

```
w=0.5+1/(2*(log(CurCount)+1));
%% 学习因子参数设置
c1=Maxc-CurCount*((Maxc-Minc)/LoopCount);
c2=Maxc-CurCount*((Maxc-Minc)/LoopCount);
%% 得到种群规模信息
SwarmSize=size(ParSwarm,1);%ParRow种群规模;ParCol粒子维数
for row=1:SwarmSize
    %% 更新全局最优位置,从ModNonPop中随机选择一个粒子作为全局最优粒子
    Order=randperm(size(G,1));
    index=Order(1);
    Gbest=G(index,:);
    %% 进行整数约束、非负约束、超平面约束的速度控制策略
    TempV=VControl(a,b,L,ParSwarm,V,Pbest,Gbest,row,w,c1,c2);
    %% 新粒子位置、适应值及约束违反程度
    TempPos=ParSwarm(row,:)+TempV;
    Tempfitness=fitnessFun(qvt,d,a,b,t,QVC,L,TempPos);%适应度函数
    TempQ=consCount(qvt,a,b,QVC,L,TempPos);
    TempQ=normCons(TempQ);
    %% 个体位置、速度、适应度值和约束违反程度更新
    ParSwarm(row,:)=TempPos;
    V(row,:)=TempV;
    PS_fv(row,:)=Tempfitness;
    PS_Q(row,:)=TempQ;
end
%% 更新FeaNonPop及相关
% 可行解与不可行解进行划分
[fp_P,fp_fv,fp_Q,nfp_P,nfp_fv,nfp_Q]=nafDiv(ParSwarm,PS_fv,PS_Q);%将粒子群分为可行解和不可行解
[FeaNonPop,FeaNonFv,FeaNonQ]=updateFNP(fp_P,fp_fv,fp_Q,FeaNonPop,FeaNonFv,FeaNonQ);
%% 更新个体最优粒子
[Pbest,PB_fv,PB_Q]=updatePbest(Pbest,PB_fv,PB_Q,ParSwarm,PS_fv,PS_Q);
%% 更新全局最优粒子
[Gbest,GB_fv,GB_Q]=updateGbest_MCMOPSO(ParSwarm,PS_fv,PS_Q,Gbest,
```

GB_ fv, GB_ Q);

3. BB – MOPSO 算法

```
function
[Efp_ P, Efp_ fv, Efp_ Q] = BB_ MOPSO (qvt, d, a, b, t, QVC, L, ParSwarm, PS_ fv, PS_ Q, Pbest, PB_ fv, PB_ Q, V, N1, N2, Maxc, Minc, LoopCount)
Efp_ P = [ ];
Efp_ fv = [ ];
Efp_ Q = [ ];

ENfp_ P = [ ];
ENfp_ fv = [ ];
ENfp_ Q = [ ];
% 可行解与不可行解进行划分
[fp_ P, fp_ fv, fp_ Q, nfp_ P, nfp_ fv, nfp_ Q] = nafDiv (ParSwarm, PS_ fv, PS_ Q);% 将粒子群分为可行解和不可行解
% 更新外部可行解集
[Efp_ P, Efp_ fv, Efp_ Q] = updateFp (fp_ P, fp_ fv, fp_ Q, Efp_ P, Efp_ fv, Efp_ Q, N1);
% 更新外部非可行解集
[ENfp_ P, ENfp_ fv, ENfp_ Q] = updateNfp (Efp_ P, Efp_ fv, Efp_ Q, nfp_ P, nfp_ fv, nfp_ Q, ENfp_ P, ENfp_ fv, ENfp_ Q, N2);
%% 迭代寻优
for i = 1: LoopCount
% 显示迭代的次数:
    disp ('-----------------------------------')
    TempStr = sprintf ('BB – MOPSO 算法第 %i 次迭代', i);
    disp (TempStr);
    disp ('-----------------------------------')
    % 调用一步迭代的算法

[ParSwarm, Pbest, V, PS_ fv, PS_ Q, PB_ fv, PB_ Q, Efp_ P, Efp_ fv, Efp_ Q, ENfp_ P, ENfp_ fv, ENfp_ Q] = BB_ stepFindFunc (qvt, d, a, b, t, QVC, L, ParSwarm, Pbest, V, PS_ fv, PS_ Q, PB_ fv, PB_ Q, Efp_ P, Efp_ fv, Efp_ Q, ENfp_ P, ENfp_ fv, ENfp_ Q, N1, N2, Maxc, Minc, LoopCount, i);
end
```

```
function
[ParSwarm, Pbest, V, PS_ fv, PS_ Q, PB_ fv, PB_ Q, Efp_ P, Efp_ fv, Efp_ Q, ENfp_ P, ENfp_ fv, ENfp_ Q] =BB_ stepFindFunc (qvt, d, a, b, t, QVC, L, ParSwarm, Pbest, V, PS_ fv, PS_ Q, PB_ fv, PB_ Q, Efp_ P, Efp_ fv, Efp_ Q, ENfp_ P, ENfp_ fv, ENfp_ Q, N1, N2, Maxc, Minc, LoopCount, CurCount)
%% 惯性权重参数设置
% * * * * * * * * * * * * * * * * * * * * * * * * * * * * * * * * * * * * *
% * * * * * 更改下面的代码，可以更改惯性因子的变化趋势 * * * * *
% - - - - - - - - - - - - - - - - - - - - - - - - - - - - - - - - - - - -
%线形递减策略
% w = MaxW - CurCount * ((MaxW - MinW) /LoopCount);
w =0.5 +1/ (2 * (log (CurCount) +1));
%% 学习因子参数设置
c1 = Maxc - CurCount * ((Maxc - Minc) /LoopCount);
c2 = Maxc - CurCount * ((Maxc - Minc) /LoopCount);
%% 得到种群规模信息
[ParRow, ParCol] =size (ParSwarm);%ParRow 种群规模；ParCol 粒子维数
%% 更新位置、速度信息
for row =1: ParRow
%% 更新全局最优位置
[Gbest, GB_ fv, GB_ Q] =selectGbest (Efp_ P, Efp_ fv, Efp_ Q, ENfp_ P, ENfp_ fv, ENfp_ Q, CurCount, LoopCount);
    %% 进行整数约束、非负约束、超平面约束的速度控制策略
    TempV = VControl (a, b, L, ParSwarm, V, Pbest, Gbest, row, w, c1, c2);
    %% 新粒子位置、适应值及约束违反程度
    TempPos = ParSwarm (row,:) + TempV;
    Tempfitness = fitnessFun (qvt, d, a, b, t, QVC, L, TempPos);%适应度函数
    TempQ = consCount (qvt, a, b, QVC, L, TempPos);
    TempQ = normCons (TempQ);
    %% 个体位置、速度、适应度值和约束违反程度更新
    ParSwarm (row,:) =TempPos;
    V (row,:) =TempV;
    PS_ fv (row,:) =Tempfitness;
    PS_ Q (row,:) =TempQ;
end
```

```
PS_ Q = normCons (PS_ Q);
%% 可行解集和不可行解集更新
% 可行解与不可行解进行划分
[fp_ P, fp_ fv, fp_ Q, nfp_ P, nfp_ fv, nfp_ Q] = nafDiv (ParSwarm, PS_ fv, PS_
Q);% 将粒子群分为可行解和不可行解
% 更新外部可行解集
[Efp_ P, Efp_ fv, Efp_ Q] = updateFp (fp_ P, fp_ fv, fp_ Q, Efp_ P, Efp_ fv, Efp_
Q, N1);
% 更新外部非可行解集
[ENfp_ P, ENfp_ fv, ENfp_ Q] = updateNfp (Efp_ P, Efp_ fv, Efp_ Q, nfp_ P, nfp_
fv, nfp_ Q, ENfp_ P, ENfp_ fv, ENfp_ Q, N2);
%% 个体极值位置更新
[Pbest, PB_ fv, PB_ Q] = updatePbest (Pbest, PB_ fv, PB_ Q, ParSwarm, PS_ fv, PS_ Q);

function
[Efp_ P, Efp_ fv, Efp_ Q] = updateFp (fp_ P, fp_ fv, fp_ Q, Efp_ P, Efp_ fv, Efp_ Q, N1)
TEfp_ P = [Efp_ P
    fp_ P];
TEfp_ fv = [Efp_ fv
    fp_ fv];
TEfp_ Q = [Efp_ Q
    fp_ Q];
Efp_ P = [];
Efp_ fv = [];
Efp_ Q = [];
%% 按照支配关系更新外部可行解集，选出非劣解
    k = 0;
    for i = 1: size (TEfp_ P, 1)
        flag = 0;% 没有被支配
        % 判断该点是否非劣
        for j = 1: size (TEfp_ P, 1)
            if j ~ = i
                if all (TEfp_ fv (i,:) > = TEfp_ fv (j,:)) && any (TEfp_ fv (i,:) >
TEfp_ fv (j,:))% 有一次被支配，即不是非劣解
                    flag = 1;
```

```
                break;
            end
        end
    end

    %判断有无被支配
    if flag ==0
        k = k + 1;
        Efp_ P (k,:) =TEfp_ P (i,:);%记录非劣解
        Efp_ fv (k,:) =TEfp_ fv (i,:);
        Efp_ Q (k,:) =TEfp_ Q (i,:);
    end
end
%% 去掉重复粒子
flj = Efp_ fv;
fljx = Efp_ P;
fljq = Efp_ Q;
Efp_ P = [ ];
Efp_ fv = [ ];
Efp_ Q = [ ];
%去掉重复粒子
repflag =0;         %重复标志
k =1;               %不同非劣解粒子数
flj2 = [ ];         %存储不同非劣解
fljx2 = [ ];        %存储不同非劣解粒子位置
fljq2 = [ ];
flj2 (k,:) =flj (1,:);
fljx2 (k,:) =fljx (1,:);
fljq2 (k,:) =fljq (1,:);
for j =2: size (flj, 1)
    repflag =0;%重复标志
    for i =1: size (flj2, 1)
        result = (fljx (j,:) ==fljx2 (i,:));
        if length (find (result ==1)) ==size (fljx, 2)
            repflag =1;%有重复
```

```
        end
    end
    %粒子不同，存储
    if repflag ==0
        k =k +1;
        flj2 (k,:) =flj (j,:);
        fljx2 (k,:) =fljx (j,:);
        fljq2 (k,:) =fljq (j,:);
    end
end

%非劣解更新
Efp_ P =fljx2;
Efp_ fv =flj2;
Efp_ Q =fljq2;
%% 如果超过规模则进行拥挤距离排序，并筛选拥挤距离较大的非劣解
if size (Efp_ P, 1) >N1
     [CrowD] =calcCrowdingDis (Efp_ fv);

    MEfp_ P =Efp_ P;
    Efp_ P = [];

    MEfp_ fv =Efp_ fv;
    Efp_ fv = [];

    MEfp_ Q =Efp_ Q;
    Efp_ Q = [];

     [ss, index] =sort (CrowD,'descend');
    for g =1: N1
        Efp_ P (g,:) =MEfp_ P (index (g),:);
        Efp_ fv (g,:) =MEfp_ fv (index (g),:);
        Efp_ Q (g,:) =MEfp_ Q (index (g),:);
    end
end
```

```
function
[ENfp_P, ENfp_fv, ENfp_Q] =updateNfp (Efp_P, Efp_fv, Efp_Q, nfp_P, nfp_fv, nfp_Q, ENfp_P, ENfp_fv, ENfp_Q, N2)
if isempty (ENfp_P) && isempty (nfp_P)
    return
else
    TENfp_P = [ENfp_P
        nfp_P];
    ENfp_P = [ ];
    TENfp_fv = [ENfp_fv
        nfp_fv];
    ENfp_fv = [ ];
    TENfp_Q = [ENfp_Q
        nfp_Q];
    ENfp_Q = [ ];
%% 参数设置
    Thegma =0.1;
%% 重新计算归一化约束违反程度
    TENfp_Q =normCons (TENfp_Q);
    k =0;
    for i =1: size (TENfp_P, 1)
        flag =0;
        if TENfp_Q (i, 3) < =Thegma
            for j =1: size (Efp_P, 1)
                if all (TENfp_fv (i,:) < =Efp_fv (j,:)) && any (TENfp_fv (i,:) < Efp_fv (j,:))%非可行解支配可行解
                    flag =1;
                    break
                else
                    if ~ (all (TENfp_fv (i,:) > = Efp_fv (j,:)) &&any (TENfp_fv (i,:) > Efp_fv (j,:)))%互不支配
                        flag = -1;
                        continue;
                    end
```

```
                end
            end

            if flag == 1
                k = k + 1;
                ENfp_ P (k,:) = TENfp_ P (i,:);
                ENfp_ fv (k,:) = TENfp_ fv (i,:);
                ENfp_ Q (k,:) = TENfp_ Q (i,:);
            end
            if flag == -1% 拥挤距离排序
                Tem = [TENfp_ fv (i,:)
                    Efp_ fv];
                [CrowD] = calcCrowdingDis (Tem);
                [ss, index] = sort (CrowD,'descend');
                if (find (index == 1) /size (index, 1)) <0.5
                    k = k + 1;
                    ENfp_ P (k,:) = TENfp_ P (i,:);
                    ENfp_ fv (k,:) = TENfp_ fv (i,:);
                    ENfp_ Q (k,:) = TENfp_ Q (i,:);
                end
            end
        end
    end
end
%% 如果超过规模则进行拥挤距离排序，并筛选拥挤距离较大的非劣解
if size (ENfp_ P, 1) >N2
    [CrowD] = calcCrowdingDis (ENfp_ fv);

    MEfp_ P = ENfp_ P;
    ENfp_ P = [];

    MEfp_ fv = ENfp_ fv;
    ENfp_ fv = [];

    MEfp_ Q = TENfp_ Q;
```

```
    TENfp_ Q = [ ];

    [ss, index] = sort (CrowD,'descend');
    for g = 1: N2
        ENfp_ P (g,:) = MEfp_ P (index (g),:);
        ENfp_ fv (g,:) = MEfp_ fv (index (g),:);
        TENfp_ Q (g,:) = MEfp_ Q (index (g),:);
    end
end

function
[Pbest, PB_ fv, PB_ Q] = updatePbest (Pbest, PB_ fv, PB_ Q, ParSwarm, PS_ fv,
PS_ Q)
ParRow = size (ParSwarm, 1);
for g = 1: ParRow
    if PB_ Q (g, end) ==0&& PS_ Q (g, end) ==0
        if all (PS_ fv (g,:) < = PB_ fv (g,:)) && any (PS_ fv (g,:) < PB_
fv (g,:))
            Pbest (g,:) = ParSwarm (g,:);
            PB_ fv (g,:) = PS_ fv (g,:);
            PB_ Q (g,:) = PS_ Q (g,:);
        end
    elseif PB_ Q (g, end) ~ =0&& PS_ Q (g, end) ==0
        Pbest (g,:) = ParSwarm (g,:);
        PB_ fv (g,:) = PS_ fv (g,:);
        PB_ Q (g,:) = PS_ Q (g,:);
    elseif PB_ Q (g, end) ~ =0&& PS_ Q (g, end) ~ =0
        if PS_ Q (g, end) < PB_ Q (g, end)
            Pbest (g,:) = ParSwarm (g,:);
            PB_ fv (g,:) = PS_ fv (g,:);
            PB_ Q (g,:) = PS_ Q (g,:);
        end
    end
end
```

附录三：第 5 章算法源代码

1. IPSO－SCA 算法

```
function [result] =PSO (SP, SD, SV, SA, R, SR, ST)
J=size (SD, 1);
M=size (SD (J, 1) .demand, 2);
%% 粒子群优化算法参数
maxgen=50;                    %进化总代数
swarmsize=100;                %种群规模
c_ max=1.5;                   %学习因子最大值
c_ min=0.5;                   %学习因子最小值
v_ min= -5;
v_ max=5;
%% 种群初始化
%定义构架数组，对个体和种群信息进行存储，方便程序编写。属性：适应度函数；个体解的可行性；种群；历史最优位置。
parswarm=struct ('fitness', zeros (1, swarmsize),'state', zeros (1, swarmsize),'swarm', [],'velocity', []);    %粒子群结构体
optswarm=struct ('fitness', zeros (1, swarmsize),'state', zeros (1, swarmsize),'swarm', [],'gbswarm', [],'gbfitness', []);    %历史最优粒子群结构体
%个体历史最优解初始化
for i=1: swarmsize
    parswarm. swarm (i,:) =initialization (SD);
    x=parswarm. swarm (i,:);
[parswarm. fitness (i), solution, solve_ infomation] =solution_ construction (x, SP, SD, SV, SA, R, SR, ST);
    parswarm. state (i) =0^solve_ infomation. problem;
    parswarm. velocity (i,:) =randi ( [v_ min, v_ max], 1, J*M);
    optswarm. swarm (i,:) =x;
    optswarm. fitness (i) =parswarm. fitness (i);
    optswarm. state (i) =parswarm. state (i);
end
%全局最优解初始化
[value, index] =min (parswarm. fitness);
```

```
optswarm. gbswarm = parswarm. swarm (index, :);
optswarm. gbfitness = parswarm. fitness (index);
result = [ ];
for iter = 1: maxgen
    % 显示迭代的次数:
    disp ('- - - - - - - - - - - - - - - - - - - - - - - - - - - - - - - - - - - -')
    TempStr = sprintf ('这是 IPSO - SCA 算法的第 %i 次迭代', iter);
    disp (TempStr);
    disp ('- - - - - - - - - - - - - - - - - - - - - - - - - - - - - - - - - - - -')
[parswarm, optswarm] = stepfind (SP, SD, SV, SA, R, SR, ST, parswarm, optswarm, iter, maxgen, c_ max, c_ min);
% 记录每代粒子进化中最优目标函数值和平均函数值
    bestfitness = optswarm. gbfitness;
    bestswarm = optswarm. gbswarm;
    avgfitness = mean (parswarm. fitness);
    result = [result; avgfitness bestfitness bestswarm];
end

function
[parswarm, optswarm] = stepfind (SP, SD, SV, SA, R, SR, ST, parswarm, optswarm, iter, maxgen, c_ max, c_ min)
%惯性权重更新
w = 0.5 + 1/ (2 * (log (iter) + 1));
%学习因子更新
c1 = c_ max - iter * (c_ max - c_ min) /maxgen;
c2 = c_ max - iter * (c_ max - c_ min) /maxgen;
swarmsize = size (parswarm. swarm, 1);
for row = 1: swarmsize
    %速度更新
[TempV] = vupdate (SD, parswarm. swarm (row, :), parswarm. velocity (row, :), optswarm. swarm (row, :), optswarm. gbswarm, w, c1, c2);
    parswarm. velocity (row, :) = TempV;
    %位置更新
    TempPos = parswarm. swarm (row, :) + TempV;
    parswarm. swarm (row, :) = TempPos;
```

```
    %更新适应度值
[parswarm. fitness (row), solution, solve_ infomation] = solution_ construction (TempPos,
SP, SD, SV, SA, R, SR, ST);
    parswarm. state (row) =0^solve_ infomation. problem;
    %更新个体历史最优解
    if parswarm. state (row) ==1 && optswarm. state (row) ==0
        optswarm. swarm (row,:) =parswarm. swarm (row,:);
        optswarm. fitness (row) =parswarm. fitness (row);
        optswarm. state (row) =parswarm. state (row);
    end
    if xor (parswarm. state (row), optswarm. state (row)) ==0
        if parswarm. fitness (row) <optswarm. fitness (row)
            optswarm. swarm (row,:) =parswarm. swarm (row,:);
            optswarm. fitness (row) =parswarm. fitness (row);
            optswarm. state (row) =parswarm. state (row);
        end
    end
end
%全局最优解更新
[bestfit, index] =min (parswarm. fitness);
if bestfit<optswarm. gbfitness
    optswarm. gbswarm= (parswarm. swarm (index,:));
    optswarm. gbfitness=bestfit;
end
```

2. OXIPSO－SCA 算法

```
function [result] =OXIPSO (SP, SD, SV, SA, R, SR, ST)
J=size (SD, 1);
M=size (SD (J, 1) .demand, 2);
%% 粒子群优化算法参数
maxgen=50;                    %进化总代数
swarmsize=100;                %种群规模
c1 =2;                        %学习因子最大值
c2 =2;                        %学习因子最小值
w_ min=0.1;
```

```
w_ max =0.9;
v_ min =0;
v_ max =5;
%% 种群初始化
%定义构架数组，对个体和种群信息进行存储，方便程序编写。属性：适应度函数；个体解的可行性；种群；历史最优位置。
parswarm = struct ('fitness', zeros (1, swarmsize),'state', zeros (1, swarmsize),'swarm', [],'velocity', []);    %粒子群结构体
optswarm = struct ('fitness', zeros (1, swarmsize),'state', zeros (1, swarmsize),'swarm', [],'gbswarm', [],'gbfitness', []);    %历史最优粒子群结构体
%个体历史最优解初始化
for i =1: swarmsize
    parswarm. swarm (i,:) =initialization_ OXIPSO (SD);
    x = parswarm. swarm (i,:);
[parswarm. fitness (i), solution, solve_ infomation] = solution_ construction (x, SP, SD, SV, SA, R, SR, ST);
    parswarm. state (i) =0^solve_ infomation. problem;
    parswarm. velocity (i,:) =v_ min + rand (1, J * M) .* (v_ max - v_ min);
    optswarm. swarm (i,:) =x;
    optswarm. fitness (i) =parswarm. fitness (i);
    optswarm. state (i) = parswarm. state (i);
end
%全局最优解初始化
[value, index] =min (parswarm. fitness);
optswarm. gbswarm = parswarm. swarm (index,:);
optswarm. gbfitness = parswarm. fitness (index);
result = [];
for iter =1: maxgen
%显示迭代的次数:
    disp ('-------------------------------------')
    TempStr = sprintf ('这是 OXIPSO - SCA 算法的第 %i 次迭代', iter);
    disp (TempStr);
    disp ('-------------------------------------')
[parswarm, optswarm] = stepfind_ OXIPSO (SP, SD, SV, SA, R, SR, ST, parswarm, optswarm, iter, maxgen, c1, c2, w_ min, w_ max, v_ min, v_ max);
```

```
% 记录每代粒子进化中最好的目标函数值和平均函数值
    bestfitness = optswarm. gbfitness;
    bestswarm = optswarm. gbswarm;
    avgfitness = mean (parswarm. fitness);
    result = [result; avgfitness bestfitness bestswarm];
end
clear parswarm;
clear optswarm;

function
[parswarm, optswarm] = stepfind_ OXIPSO (SP, SD, SV, SA, R, SR, ST, parswarm,
optswarm, iter, maxgen, c1, c2, w_ min, w_ max, v_ min, v_ max)
J = size (SD, 1);
M = size (SD (J, 1) . demand, 2);
% 惯性权重更新
if iter < =0. 75 * maxgen
    w = w_ max - (iter - 1) * ( (w_ max - w_ min) / (0. 75 * maxgen));
else
    w = w_ max - rand * (w_ max - w_ min);
end
swarmsize = size (parswarm. swarm, 1);
for row = 1: swarmsize
    % 速度更新
TempV = w. * parswarm. velocity (row,:) + (c1 * rand) . * (optswarm. swarm (row,:) - par-
swarm. swarm (row,:)) + (c2 * rand) . * (optswarm. gbswarm - parswarm. swarm (row,:));
    parswarm. velocity (row,:) = TempV;
    % 生成临时位置
    lamda = 0. 45 + rand * (0. 729 - 0. 45);
    TempPos = round (parswarm. swarm (row,:) + lamda. * TempV);
    % 位置修正
    for j = 1: J
        for m = 1: M
            if TempPos (1, (j - 1) * M + m) < 0
                TempPos (1, (j - 1) * M + m) = 0;
            end
```

```
            if TempPos (1, (j-1) *M+m) >SD (j, 1) .demand (1, m)
                TempPos (1, (j-1) *M+m) =SD (j, 1) .demand (1, m);
            end
        end
    end
    %位置更新
    parswarm.swarm (row,:) =TempPos;
    %更新适应度值
[parswarm.fitness (row), solution, solve_ infomation] = solution_ construction (TempPos, SP, SD, SV, SA, R, SR, ST);
    parswarm.state (row) =0^solve_ infomation.problem;
    %更新个体历史最优解
    if parswarm.state (row) ==1 && optswarm.state (row) ==0
        optswarm.swarm (row,:) =parswarm.swarm (row,:);
        optswarm.fitness (row) =parswarm.fitness (row);
        optswarm.state (row) =parswarm.state (row);
    end
    if xor (parswarm.state (row), optswarm.state (row)) ==0
        if parswarm.fitness (row) <optswarm.fitness (row)
            optswarm.swarm (row,:) =parswarm.swarm (row,:);
            optswarm.fitness (row) =parswarm.fitness (row);
            optswarm.state (row) =parswarm.state (row);
        end
    end
    %修正个体历史最优解
    [new_ pbest] =pbest_ verify (optswarm.swarm (row,:), SD);
[f_ np, solution, solve_ infomation] = solution_ construction (new_ pbest, SP, SD, SV, SA, R, SR, ST);
    state_ np =0^solve_ infomation.problem;
    if f_ np <optswarm.fitness (row)
        optswarm.swarm (row,:) =new_ pbest;
        optswarm.fitness (row) =f_ np;
        optswarm.state (row) =state_ np;
    end
end
```

```
% 正交杂交得到 zb
[zb] =OC (optswarm, SP, SD, SV, SA, R, SR, ST);
[f_ zb, solution, solve_ infomation] = solution_ construction (zb, SP, SD, SV, SA, R,
SR, ST);
state_ zb =0^solve_ infomation. problem;
% 替换最差粒子的最好位置
[worst, index] = max (parswarm. fitness);
optswarm. swarm (index, :) = zb;
optswarm. fitness (index) = f_ zb;
optswarm. state (index) = state_ zb;
% 全局最优解更新
[bestfit, index] = min (parswarm. fitness);
if bestfit < optswarm. gbfitness
    optswarm. gbswarm = (parswarm. swarm (index, :));
    optswarm. gbfitness = bestfit;
end

function [zb] =OC (optswarm, SP, SD, SV, SA, R, SR, ST)
J = size (SD, 1);
M = size (SD (J, 1) . demand, 2);
swarmsize = size (optswarm. swarm, 1);
D = J * M;
% 选择正交杂交表
if D == 10
    N = 12;
else
    N = 64;
end
% 生成正交杂交表
L = randi ( [1, 2], N, D);
% 待选择的任意两行的序号
list = randperm (swarmsize);
index1 = list (1);
index2 = list (2);
Pb1 = optswarm. swarm (index1, :);
```

```
Pb2 = optswarm. swarm (index2, :);
P = [Pb1' Pb2'];
for n = 1: N
    for d = 1: D
        L_ P (n, d) = P (d, L (n, d));
    end
[L_ F (n), solution, solve_ infomation] = solution_ construction (L_ P (n,:), SP, SD,
SV, SA, R, SR, ST);
end
for d = 1: D
    E1 = 0;
    E2 = 0;
    for n = 1: N
        if L (n, d) == 1
            E1 = E1 + L_ F (n);
        else
            E2 = E2 + L_ F (n);
        end
    end
if E1 < E2
        zb (1, d) = P (d, 1);
    else
        zb (1, d) = P (d, 2);
    end
end

function [new_ pbest] = pbest_ verify (oneswarm, SD)
J = size (SD, 1);
M = size (SD (J, 1) . demand, 2);
for j = 1: J
    for m = 1: M
        new_ pbest (1, (j - 1) * M + m) = oneswarm (1, (j - 1) * M + m) + round
( - 1 + 2 * rand);
        if new_ pbest (1, (j - 1) * M + m) < 0
            new_ pbest (1, (j - 1) * M + m) = 0;
```

```
        end
        if new_ pbest (1, (j-1) * M+m) >SD (j, 1) .demand (1, m)
            new_ pbest (1, (j-1) * M+m) =SD (j, 1) .demand (1, m);
        end
    end
end

function
[f_ v, solution, ans] =solution_ construction (chrome, SP, SD, SV, SA, R, SR, ST)
%% 参数
I=size (SP, 1);
J=size (SD, 1);
K=size (SV.qc, 1);
M=size (SA.q, 1);
%% 运用 Yalmip 工具箱调用现有求解器对解进行构造
for k=1: K
    L (k) =size (R {1, k}, 1);
    varn (k) =I*J*M*L (k);
end
x=intvar (1, varn (1));
y=intvar (1, varn (2));

w=intvar (1, I*L (1));
z=intvar (1, I*L (2));

Q=zeros (J*M, 1);
V=zeros (J*M, 1);
for j=1: J
    Q( ( (j-1) *M+1): (j*M), 1) =SA.q;
    V( ( (j-1) *M+1): (j*M), 1) =SA.v;
end
%目标函数
f=0;
for j=1: J
    for m=1: M
```

```
        for k = 1: K
            for i = 1: I
                for r = 1: L (k)
                    if k == 1
x_ list ( (i-1) * L (k) + r) = (i-1) * J * M * L (k) + (r-1) * J * M + (j-1) * M + m;
                    else
y_ list ( (i-1) * L (k) + r) = (i-1) * J * M * L (k) + (r-1) * J * M + (j-1) * M + m;
                    end
                end
            end
        end
        if SD (j, 1) . demand (1, m) ==0
            s =0;
        else
            if chrome ( (j-1) * M + m) ==0
                s = exp (10);
            else
s = SD (j, 1) . degree (1, m) * (x (x_ list) * ST {1, 1} (1, x_ list)' + y (y_ list) * ST {2, 1} (1, y_ list)') * SD (j, 1) . demand (1, m) / (chrome ( (j-1) * M + m)) ^2;
            end
        end
        f = f + s;
    end
end
%约束
F = [ ];
%解转换
for j = 1: J
    for m = 1: M
        for k = 1: K
            for i = 1: I
```

```
                for r = 1: L (k)
                    if k == 1
x2_ list ( (i - 1) * L (k) + r) = (i - 1) * J * M * L (k) + (r - 1) * J * M + (j - 1) * M + m;
                    else
y2_ list ( (i - 1) * L (k) + r) = (i - 1) * J * M * L (k) + (r - 1) * J * M + (j - 1) * M + m;
                    end
                end
            end
        end
        F = F + [sum (x (x2_ list)) + sum (y (y2_ list)) == chrome ( (j - 1) * M + m)];
    end
end

% 储备量约束
for i = 1: I
    for m = 1: M
        for k = 1: K
            for r = 1: L (k)
                for j = 1: J
                    if k == 1
x3_ list ( (r - 1) * J + j) = (i - 1) * J * M * L (k) + (r - 1) * J * M + (j - 1) * M + m;
                    else
y3_ list ( (r - 1) * J + j) = (i - 1) * J * M * L (k) + (r - 1) * J * M + (j - 1) * M + m;
                    end
                end
            end
        end
        F = F + [ (sum (x (x3_ list)) + sum (y (y3_ list))) < = SP (i, 1) . storage (1, m)];
```

```
    end
end
%0 值约束
for i = 1: I
    for j = 1: J
        for k = 1: K
            for r = 1: L (k)
                lv = find (SR {i, j, k} == r);
                if isempty (lv)
                    if k == 1
F = F + [x (((i-1) * L (k) * J * M + (r-1) * J * M + (j-1) * M + 1): ((i-1) * L (k) * J * M + (r-1) * J * M + (j-1) * M + M)) == zeros (1, M)];
                    else
F = F + [y (((i-1) * L (k) * J * M + (r-1) * J * M + (j-1) * M + 1): ((i-1) * L (k) * J * M + (r-1) * J * M + (j-1) * M + M)) == zeros (1, M)];
                    end
                end
            end
        end
    end
end


%运力约束
for i = 1: I
    for k = 1: K
        for r = 1: L (k)
            if k == 1
F = F + [x (((i-1) * L (k) * J * M + (r-1) * J * M + 1): ((i-1) * L (k) * J * M + r * J * M)) * Q/SV. qc (k) - w (1, (i-1) * L (k) + r) < = 0];
F = F + [x (((i-1) * L (k) * J * M + (r-1) * J * M + 1): ((i-1) * L (k) * J * M + r * J * M)) * Q/SV. qc (k) - w (1, (i-1) * L (k) + r) > = -1 + exp (-10)];
F = F + [x (((i-1) * L (k) * J * M + (r-1) * J * M + 1): ((i-1) * L (k) * J * M + r * J * M)) * V/SV. vc (k) - w (1, (i-1) * L (k) + r) < = 0];
```

```
F = F + [x (((i-1) * L (k) * J * M + (r-1) * J * M + 1): ((i-1) * L (k) * J * M + r * J * M)) * V/SV.vc (k) - w (1, (i-1) * L (k) + r) > = -1 + exp (-10)];
            else
F = F + [y (((i-1) * L (k) * J * M + (r-1) * J * M + 1): ((i-1) * L (k) * J * M + r * J * M)) * Q/SV.qc (k) - z (1, (i-1) * L (k) + r) < = 0];
F = F + [y (((i-1) * L (k) * J * M + (r-1) * J * M + 1): ((i-1) * L (k) * J * M + r * J * M)) * Q/SV.qc (k) - z (1, (i-1) * L (k) + r) > = -1 + exp (-10)];
F = F + [y (((i-1) * L (k) * J * M + (r-1) * J * M + 1): ((i-1) * L (k) * J * M + r * J * M)) * V/SV.vc (k) - z (1, (i-1) * L (k) + r) < = 0];
F = F + [y (((i-1) * L (k) * J * M + (r-1) * J * M + 1): ((i-1) * L (k) * J * M + r * J * M)) * V/SV.vc (k) - z (1, (i-1) * L (k) + r) > = -1 + exp (-10)];
            end
        end
        if k == 1
            F = F + [sum (w (((i-1) * L (k) + 1): (i * L (k)))) < = SP (i, 1).vehicle (k)];
        else
            F = F + [sum (z (((i-1) * L (k) + 1): (i * L (k)))) < = SP (i, 1).vehicle (k)];
        end
    end
end

%非负整数约束
F = F + [x > = 0];
F = F + [y > = 0];
F = F + [w > = 0];
F = F + [z > = 0];
ops = sdpsettings ('solver','gurobi','verbose','2');
optimize (F, f, ops);
f_v = value (f);
solution = [value (x) value (y) value (w) value (z)];
```

```
x = [];
y = [];
f = [];
F = [];
clear X;
clear F;
clear f;
```

致　谢

本书是我攻读博士学位期间独立研究形成的成果，是我博士学位论文修改而成的产物。时光荏苒，岁月如梭，历时四年的博士生涯也已结束，一路走来，收获颇多、感慨良多。在本书成稿之际，为表达我对亲朋好友的诚挚谢意，谨以此《致谢》诉说我内心的情意。

本研究是在导师姜大立教授的悉心关怀和指导下完成的。在此期间，从课题选择、资料收集到论文的最终完成，姜教授都给予了我悉心指导和倾力支持。姜教授渊博的专业知识、独到的学术见解、严谨的学术态度和务实的工作作风，都深深地感染和影响着我。不仅如此，姜教授还是我生活中的良师益友。他积极进取的生活态度、敢想敢做的行事风格、谦逊朴实的为人风格、智慧圆融的处事方式，都在潜移默化地熏陶着我。师恩厚重，不敢或忘。在此书成稿之际，谨向姜教授致以崇高敬意和衷心感谢。

感谢军事仓储勤务教研室王丰教授、杨西龙教授、甘明教授、姜玉宏副教授、王锐琪主任、邓韧副主任、郭立卿讲师，军事物流教研室汪贻生主任以及基础部杨廷鸿副主任在我确定研究方向、展开课题研究、撰写定稿期间提供的无私帮助和大力支持，特别要感谢王丰教授对本书修改完善给予的热心关怀和悉心指导。

感谢原成都军区联勤部军需物资油料部采购处周同丰助理、原成都军区空军后勤部军需物资油料处采购办徐刚主任、原成都军区联勤第 38 分部曾勇参谋、重庆工商大学物流管理系张军主任等对课题前期调研提供的大力支持，正是你们的耐心指导才促成了课题的顺利进行。

本书研究受到了国家自然科学基金项目（71101152）资助，其最终完成得到了陆军勤务学院军事物流系的大力支持和帮助，中国财富出版社为本书的出版也付出了大量心血，在此一并表示衷心感谢。

感谢父母二十多年来的养育之恩和一如既往的默默付出，感谢爱妻长期以来对我的理解、宽容、鼓励和协助，你们始终如一的支持为我提供了生活保障和情感依靠，是我前行的精神支柱和不竭动力，本书的顺利完成你们功不可没。

林　勇

2019 年 11 月于重庆